¡Viva el Español!

¿QUÉ TAL?

RESOURCE & ACTIVITY BOOK

Blackline Masters

Ava Belisle-Chatterjee

Linda West Tibensky

Abraham Martínez-Cruz

National Textbook Company
a division of *NTC Publishing Group*

To the Teacher:

The blackline masters in this book are designed to be photocopied for classroom use only.

Published by National Textbook Company,
a division of NTC Publishing Group

CONTENTS

Blackline Masters

Vocabulary Cards

Blackline Masters

Vocabulary Review

Blackline Masters

¡A conversar!

Blackline Masters

Numbers / Letters

Blackline Masters

Maps

INTRODUCTION

Overview

The *¿Qué tal? Resource and Activity Book* provides a wealth of materials to help you create and maintain a lively learning environment in the classroom. Consistent with the methodologies used in the *¡Viva el español!* language program [for example, Total Physical Response (TPR) and the Natural Approach], the blackline masters become the visually stimulating and manipulable materials needed to present and reinforce language concepts. The numerous vocabulary, exercise, and activity pages in the *Resource and Activity Book* have been carefully integrated into the lessons and units of *¿Qué tal?* Also included are tapescripts for the Lesson Cassettes and Exercise Cassettes, as well as the music and lyrics for the songs on the Song Cassette. The music and lyrics may also be used as blackline masters and duplicated for classroom use.

In the Unit Plans section of the *Annotated Teacher's Edition*, you will find references to the blackline masters needed for presenting, practicing, and reviewing the lessons and units in *¿Qué tal?* As an additional aid to organizing your teaching materials, the contents of the *Resource and Activity Book* are given in detail, as well as organized in clearly identifiable sections.

Sections of the Resource and Activity Book

The *Resource and Activity Book* is divided into eight blackline master sections:

1. *¡Hablemos!*
2. Vocabulary Cards
3. Vocabulary Review
4. *¡A conversar!*
5. Numbers / Letters
6. Maps
7. Game / Activity Pages
8. Tape Exercise and Pronunciation Pages

¡Hablemos!

The blackline masters in this section re-create the vocabulary items from the *¡Hablemos!* pages in the pupil textbook. They may be reproduced and distributed to students throughout the year to be put into individual notebooks or folders. At the end of the school year, students will have compiled their own "picture dictionary." These pages may also be made into transparencies for use on the overhead projector. For example, as students listen to vocabulary words pronounced on the Lesson Cassette, they may simultaneously view the corresponding vocabulary page projected on a screen or wall.

Encourage students to color the pages of their picture dictionaries. Also encourage students to add to their dictionaries by making notes or by drawing pictures to illustrate words and expressions they learn in the *¿Cómo lo dices?*, *Entre amigos,* and *¡A divertirnos!* sections of the units.

Vocabulary Cards

The masters in this section are designed as vocabulary cards (half-page illustrations). These may be photocopied and used for TPR instruction with individuals, small groups, or the entire class. You may wish to mount these cards on posterboard or heavy gauge paper and laminate them for demonstration sets in the classroom or for games. The pages may also be photocopied and distributed so that each student may have a complete set of vocabulary cards for a given unit.

Vocabulary Review

The vocabulary review masters contain reduced illustrations of the vocabulary in a given word group or family. These pages may be made into transparencies for quick review activities, informal assessment, and games. They also may be copied, cut apart, and used to make game boards and materials for the many games described in the "Games and Activities" resource section of the *Annotated Teacher's Edition*.

¡A conversar!

The *¡A conversar!* masters help students apply the vocabulary and grammar of the unit to real-life situations. The conversations incorporate humor with situations that relate to students' interests. Carefully placed within the conversations are examples of unfamiliar words and expressions that are designed to help students develop the ability to guess meanings from context, to recognize cognates, or to practice their dictionary skills. Following each conversation is a set of comprehension/recall questions.

Numbers / Letters

The numbers and letters masters have been included for presenting and practicing the numbers from 1 to 1000 and the alphabet in Spanish. The full pages may be duplicated and included in the individual picture dictionaries and may also be distributed so that each student can have a set of cards for games, reading readiness activities, and small-group or paired activities and games.

Maps

The full-page outline maps in this section are designed to supplement activities that introduce students to the geography of the Spanish-speaking world. They may be used for written activities that include labeling countries and capitals, or enrichment activities such as coloring areas where Spanish is spoken in the United States.

Game / Activity Pages

The game and activity masters correspond to the many learning activities and games suggested in the *Annotated Teacher's Edition*. They may be reproduced and distributed to students for quiet activities at their desks or made into transparencies and used for games with the whole class. You may wish to enlarge some game boards, color them, mount them, and laminate them for small-group activities in a classroom "activity corner."

The following is a list of the blackline master game pages that correspond to the games in the *Annotated Teacher's Edition* (ATE). You will find complete instructions for playing the games in the resource section "Games and Activities":

Master	Game	ATE Page
182	El béisbol (game board)	T-159
183	La pirámide	T-170
184	Vamos a la tienda (game board)	T-174
185	Vamos a la tienda (number spinner)	
186	Vamos en taxi (game board)	T-176
187	Vamos en taxi (number spinner)	

The remaining blackline masters may be used for a number of oral and written learning activities. The blank calendar pages (masters 188 and 189) may be used to log daily activities, practice dates, or highlight holidays. The blank menu (master 192) provides a written activity for students to practice food vocabulary. The Map Activities (masters 196, 197, and 198) give students an opportunity to practice geography skills. The patterns may be used as name tags, game pieces for games you create, or for bulletin-board displays to highlight students' achievements.

Tape Exercise and Pronunciation Pages

The exercise pages in this section are designed to be used in conjunction with the Exercise Cassettes. These blackline masters may be reproduced and used for large-group, small-group, paired, or individual listening comprehension activities. The exercises recorded on the Exercise Cassettes practice and reinforce the *Los sonidos del idioma* section of the *Resource and Activity Book*, and the *¿Cómo lo dices?* section of each regular unit in the pupil textbook. For ease of checking, the answer key to the exercises follows the introductory section of the *Resource and Activity Book*.

Informal Assessment Activities

The blackline masters are particularly useful in preparing materials for informal assessment activities. They may be used to create whatever materials you need, from vocabulary cards for TPR activities and games to visual stimuli for oral interviews. In the Unit Plans of the *Annotated Teacher's Edition* of the textbook, you will find numerous suggestions for informal assessment activities for every unit.

Because listening and speaking skills are crucial to successful language learning, the vocabulary cards and pictures may be used for TPR activities that require a nonverbal response to indicate comprehension. They also can be used for initial utterances in activities that call for a yes-no response or a choice of answers, as well as activities that encourage free conversation. The blackline masters may also be used to initiate writing activities, from writing simple labels to composing entire sentences about a picture or a set of vocabulary cards.

Transparencies

Throughout the Unit Plans in the *Annotated Teacher's Edition*, it is often recommended that you make a transparency of a blackline master for use on the overhead projector. You may wish to investigate the equipment available in your school or school system for making transparencies. Transparencies are especially useful when you are teaching a game, reviewing vocabulary with the entire class, or initiating a conversation as a quick warm-up activity to start the class period. Full-color transparencies of the *¡Hablemos!* teaching art pages are also available and may be used in conjunction with the Lesson Cassettes to provide visual reinforcement of the vocabulary pronounced on the audiocassettes.

ANSWER KEY

Tape Exercise and Pronunciation Pages;
¡A conversar! Questions

The answers given in this section are for the exercises that correspond to the Tape Exercise and Pronunciation Pages only. For a complete script of the Exercise Cassettes, as well as the Lesson Cassettes, see "Tapescripts" in the *Resource and Activity Book*.

Unidad 1 *(Tape Exercise and Pronunciation Page 1)*
Los sonidos del idioma
Pronunciation Exercise

1. _____ñ_____

2. _____

3. _____n, ñ_____

4. _____n_____

5. _____

6. _____ñ_____

7. _____n_____

8. _____ñ_____

9. _____n, ñ_____

10. _____

Unidad 1 *(Tape Exercise and Pronunciation Page 2)*
¿Cómo lo dices?
Exercise 1

The following responses are given on the Exercise Cassette:

Ⓜ (David) ¿Te duelen los pies?
1. (Gloria) ¿Te duele la cabeza?
2. (Geraldo) ¿Te duelen los dedos?
3. (Pili) ¿Te duelen las orejas?
4. (Paco) ¿Te duele el codo?
5. (Fernanda) ¿Te duelen las manos?
6. (Silvio) ¿Te duele el brazo?

Unidad 1 *(Tape Exercise and Pronunciation Page 3)*
¿Cómo lo dices?
Exercise 2

¡Hola, José!

¿Qué tal? Yo no estoy bien hoy. __Me duelen__ los ojos. También __me duele__ la nariz. No voy a la escuela hoy.

Mi hermanito no va a la escuela tampoco. A él __le duelen__ las rodillas.

Mi papá está mal también. __Le duele__ la espalda. Mi hermana sí va a la escuela.

A ella no __le duele__ la espalda. Mi mamá está así, así. A ella __le duelen__ las manos y la cabeza. A mí no __me duele__ la cabeza. ¿A ti __te duele__ la cabeza?

¡Hasta luego!

Teresita

Students will answer questions based on the letter. The following responses are given on the Exercise Cassette:

Ⓜ P: ¿Al hermanito de Teresita le duele la nariz?
   R: No, a él no le duele la nariz.

Ⓜ P: ¿Qué le duele al hermanito de Teresita?
   R: A él le duelen las rodillas.

1. P: ¿A Teresita le duele la cabeza?
   R: No, a ella no le duele la cabeza.

2. P: ¿Qué le duele a Teresita?
   R: A ella le duelen los ojos y la nariz.

3. P: ¿A la hermana de Teresita le duele la espalda?
   R: No, a ella no le duele la espalda.

4. P: ¿A la mamá de Teresita le duele la espalda?
   R: No, a ella no le duele la espalda.

5. P: ¿Qué le duele a la mamá de Teresita?
   R: A ella le duelen las manos y la cabeza.

6. P: ¿Qué le duele al papá de Teresita?
   R: A él le duele la espalda.

Unidad 2 *(Tape Exercise and Pronunciation Page 4)*
Los sonidos del idioma
Pronunciation Exercise

1. _____**ho**_____

2. _____**he**_____

3. _____**hu**_____

4. _____**hi**_____

5. _____**ho**_____

6. _____**ha**_____

7. _____**he**_____

8. _____**ha**_____

9. _____**hu**_____

10. _____**ho**_____

Unidad 2 *(Tape Exercise and Pronunciation Page 5)*
¿Cómo lo dices?
Exercise 2

The following answers are given on the Exercise Cassette:

Ⓜ A Consuelo le queda grande el suéter.
1. A Jorge le queda bien el suéter.
2. A Salvador le quedan grandes los calcetines.
3. A Consuelo le quedan pequeños los pantalones.
4. A Jorge le queda pequeña la chaqueta.
5. A Consuelo le queda bien la camisa.

Note: You may wish to use the illustrations on Tape Exercise and Pronunciation Page 5 for additional oral or written practice, using different combinations of people and clothing.

Unidad 3 *(Tape Exercise and Pronunciation Page 6)*
Los sonidos del idioma
Pronunciation Exercise

1. _____ sí
2. _____ no
3. _____ sí
4. _____ sí
5. _____ no
6. _____ sí
7. _____ sí
8. _____ no
9. _____ sí
10. _____ no

Unidad 3 *(Tape Exercise and Pronunciation Page 7)*
¿Cómo lo dices?
Exercise 2

 M Sí, eres alta. _____ _____ _____

 M No. Usted es delgado. _____ _____ _____

1. No. Eres débil. _____ _____ _____

2. Sí, eres baja. _____ _____ _____

3. No. Eres delgada. _____ _____ _____

4. Sí, usted es fuerte. _____ _____ _____

5. Sí, eres alto. _____ _____ _____

6. No. Usted es grueso. _____ _____ _____

Unidad 4 *(Tape Exercise and Pronunciation Page 8)*
Los sonidos del idioma
Pronunciation Exercise

M	(A)	E	I	O	U
M	A	E	(I)	O	U
1.	A	(E)	I	O	U
2.	A	E	I	O	(U)
3.	A	(E)	I	O	U
4.	A	E	I	(O)	U
5.	A	E	(I)	O	U
6.	(A)	E	I	O	U
7.	A	E	(I)	O	U
8.	A	E	I	(O)	U
9.	(A)	E	I	O	U
10.	A	E	I	O	(U)

Unidad 4 *(Tape Exercise and Pronunciation Page 9)*
¿Cómo lo dices?
Exercise 1

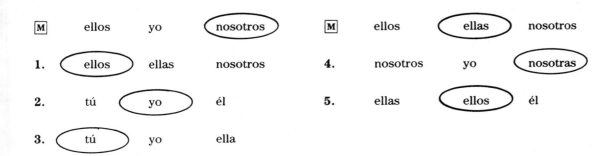

M	ellos	yo	(nosotros)	M	ellos	(ellas)	nosotros
1.	(ellos)	ellas	nosotros	4.	nosotros	yo	(nosotras)
2.	tú	(yo)	él	5.	ellas	(ellos)	él
3.	(tú)	yo	ella				

Unidad 4 *(Tape Exercise and Pronunciation Page 10)*
¿Cómo lo dices?
Exercise 2

SR. MARANO: ¡Candela! ¿Dónde _____**está**_____ tu mamá?

CANDELA: Mamá _____**está**_____ en el jardín.

SR. MARANO: ¿Y dónde _____**está**_____ Margarita?

CANDELA: Margarita y abuelita _____**están**_____ en la sala.

SR. MARANO: Y tú, ¿_____**estás**_____ con tu hermano?

CANDELA: Sí. _____**Estoy**_____ con él. _____**Estamos**_____ en el

dormitorio.

SR. MARANO: Entonces, toda la familia _____**está**_____ en casa.

CANDELA: Sí, papá, _____**estamos**_____ todos aquí.

SR. MARANO: Gracias, hija.

Unidad 4 *(Tape Exercise and Pronunciation Page 11)*
¿Cómo lo dices?
Exercise 3

M   Cierto   (Falso)   4.   Cierto   (Falso)

1.   (Cierto)   Falso   5.   (Cierto)   Falso

2.   Cierto   (Falso)   6.   (Cierto)   Falso

3.   Cierto   (Falso)

Unidad 5 *(Tape Exercise and Pronunciation Page 12)*
Los sonidos del idioma
Pronunciation Exercise

Unidad 5 *(Tape Exercise and Pronunciation Page 13)*
¿Cómo lo dices?

Exercise 1

The following answers are given on the Exercise Cassette:

1. (model) No, está detrás del sillón.
2. Sí, está lejos del televisor.
3. No, está cerca de las cortinas.
4. Sí, están detrás del televisor.
5. No, está cerca del sofá.
6. No, está delante del sofá.
7. Sí, está cerca de la lámpara.
8. No, está cerca del piso.
9. No, está delante de la pared.

Exercise 2, *Parts 1 and 2*

M Yo tengo cuatro **espejos** .
1. Yo tengo tres **lápices** .
2. Yo tengo cuatro **sillas** .
3. Yo tengo diez **carteles** .

4. Yo tengo dos **televisores** .
5. Yo tengo cinco **mapas** .
6. Yo tengo dos **narices** .
   ¿De veras?

Exercise 2, *Part 2*

M **bonitas**
1. **grandes**
2. **anaranjados**
3. **roja**

M **blancos**
4. **amarillas**
5. **alto**
6. **simpáticas**

Unidad 6 *(Tape Exercise and Pronunciation Page 14)*
Los sonidos del idioma
Pronunciation Exercise

Ⓜ	sí	Ⓜ	no	
1.	sí	6.	sí	
2.	sí	7.	no	
3.	no	8.	no	
4.	sí	9.	no	
5.	no	10.	sí	

Unidad 6 *(Tape Exercise and Pronunciation Page 15)*
¿Cómo lo dices?
Exercise 1

The following answers are given on the Exercise Cassette:

Ⓜ Sara y Martín no pintan bien.
Ⓜ Abuelito pinta bien.
1. Yo pinto bien.
2. Elena no pinta bien.
3. Papa y Eugenia no pintan bien.
4. Tío Carlos y tía Ana pintan bien.
5. Timoteo y yo pintamos bien.
6. Abuelita no pinta bien.

Exercise 2

The following answers are given on the Exercise Cassette:

Ⓜ Corre a la escuela.
Ⓜ Corren al cine.
1. Corre a la biblioteca.
2. Corremos a la casa.
3. Corren al gimnasio.
4. Corre a la escuela.
5. Corro a la casa.
6. Corren a la biblioteca.

Exercise 3

The following answers are given on the Exercise Cassette:

Ⓜ Roberto y Laura escriben a Paco.
Ⓜ Yo escribo a Blanca.
1. Tú escribes a Lorenzo.
2. José escribe a Marcos.
4. Lisa y yo escribimos a Tato.
4. Juan y María escriben a Anita.
5. Rosa escribe a Pedro.
6. Pablo y Tomás escriben a Linda.

Unidad 7 *(Tape Exercise and Pronunciation Page 16)*
Los sonidos del idioma
Pronunciation Exercise

	ere	erre		ere	erre
M	☐	✓	M	✓	☐
1.	☐	✓	6.	✓	☐
2.	✓	☐	7.	☐	✓
3.	✓	☐	8.	☐	✓
4.	☐	✓	9.	✓	☐
5.	✓	☐	10.	☐	✓

Unidad 7 *(Tape Exercise and Pronunciation Page 17)*
¿Cómo lo dices?
Exercise 2

The following answers are given on the Exercise Cassette:

1. M Yo acabo de sacar la basura.
2. M Ramón y yo acabamos de lavar la ropa.
3. Rita y yo acabamos de regar las plantas.
4. Yo acabo de recoger las cosas.
5. Yo acabo de secar la ropa.
6. Ramón, Rita y yo acabamos de quitar el polvo.
7. Rita y yo acabamos de pasar la aspiradora.
8. Yo acabo de planchar la ropa.

Unidad 8 *(Tape Exercise and Pronunciation Page 18)*
Los sonidos del idioma
Pronunciation Exercise

M _____ sí _____

M _____ no _____

1. _____ sí _____

2. _____ sí _____

3. _____ no _____

4. _____ sí _____

5. _____ sí _____

6. _____ sí _____

7. _____ no _____

8. _____ no _____

Unidad 8 *(Tape Exercise and Pronunciation Page 19)*
¿Cómo lo dices?
Exercise 1

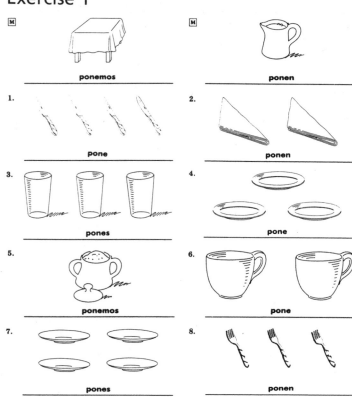

M _____ ponemos _____   M _____ ponen _____

1. _____ pone _____   2. _____ ponen _____

3. _____ pones _____   4. _____ pone _____

5. _____ ponemos _____   6. _____ pone _____

7. _____ pones _____   8. _____ ponen _____

Unidad 8 *(Tape Exercise and Pronunciation Page 20)*
¿Cómo lo dices?

Exercise 2

The following answers are given on the Exercise Cassette:

Ⓜ Mercedes trae las cerezas.
Ⓜ Benito y yo traemos los limones.
1. Catalina trae la sandía.
2. Yo traigo la piña.
3. Donaldo y Federico traen las manzanas.
4. Amparo trae las fresas.
5. Isabel y Javier traen las naranjas.
6. Mercedes trae los plátanos.

Exercise 3

The following answers are given on the Exercise Cassette:

Ⓜ No.
1. No.
2. Sí.
3. No.
4. Sí.
5. Sí.
6. No.

Unidad 9 *(Tape Exercise and Pronunciation Page 21)*
Los sonidos del idioma

Pronunciation Exercise

Ⓜ a _____ ectar
1. me __c__ edora
2. al _____ iler
3. pereji _____
4. pare __c__ ido
5. mere __c__ er

Ⓜ a __c__ eite
6. pue _____ lo
7. __c__ iudad
8. mar __c__ har
9. do _____ ado
10. rela __c__ ión

Unidad 9 (Tape Exercise and Pronunciation Page 22)
¿Cómo lo dices?
Exercise 1, Parts 1 and 2

[M] P: Elena y abuelito, ¿qué __quieren__ tomar?

R: __Queremos cereal__ .

[M] P: Ernesto, ¿qué __quieres__ tomar?

R: __Quiero leche__ .

1. P: Mamá y papá, ¿qué __quieren__ tomar?

R: __Queremos café__ .

2. P: Abuelita, ¿qué __quieres__ tomar?

R: __Quiero una toronja__ .

3. P: Tío Julio, ¿qué __quieres__ tomar?

R: __Quiero huevos revueltos__ .

4. P: Rogelio y Laura, ¿qué __quieren__ tomar?

R: __Queremos pan tostado__ .

Unidad 10 (Tape Exercise and Pronunciation Page 23)
Los sonidos del idioma
Pronunciation Exercise

[M] __c__ ulebra   [M] _____ ambor

1. __c__ obrar   6. roma _____ o

2. ries _____ o   7. mar __c__ o

3. ba __c__ alao   8. _____ ratado

4. me _____ ir   9. re __c__ ado

5. hara _____ o   10. mos __c__ a

Unidad 10 *(Tape Exercise and Pronunciation Page 24)*
¿Cómo lo dices?
Exercise 2

M No, no _____**nos gusta**_____ la sopa.

M No, no _____**les gustan**_____ los espaguetis.

1. No, no _____**me gustan**_____ los guisantes.

2. No, no _____**nos gustan**_____ las legumbres.

3. No, no _____**les gusta**_____ el pescado.

4. No, no _____**le gusta**_____ el jamón.

5. No, no _____**les gustan**_____ las zanahorias.

6. No, no _____**me gusta**_____ la carne.

7. No, no _____**nos gusta**_____ el arroz.

8. No, no _____**le gustan**_____ las papas.

Unidad 11 *(Tape Exercise and Pronunciation Page 25)*
Los sonidos del idioma
Pronunciation Exercise

M	①	2
M	1	②
1.	①	2
2.	①	2
3.	1	②
4.	①	2
5.	1	②
6.	1	②
7.	①	2
8.	1	②
9.	1	②
10.	①	2

Unidad 11 (Tape Exercise and Pronunciation Page 26)
¿Cómo lo dices?
Exercise 1

The following answers are given on the Exercise Cassette:

- Ⓜ Pensamos tomar la cena.
- Ⓜ Piensan sacar la basura.
- **1.** Piensa nadar.
- **2.** Pienso regar las plantas.
- **3.** Pensamos barrer el piso.
- **4.** Piensan cocinar.
- **5.** Piensas patinar.
- **6.** Pensamos comer.
- **7.** Pienso estudiar.
- **8.** Piensa cantar.

Unidad 11 (Tape Exercise and Pronunciation Page 27)
¿Cómo lo dices?
Exercise 2

Ⓜ Yo siempre __**me levanto**__ temprano. Mis papás y mi

hermana __**se levantan**__ más tarde, a las siete y cuarto.

__**Me baño**__ primero. Luego, mi hermana

__**se baña**__ . Mis papás tienen un cuarto de baño cerca de su

dormitorio. Ellos __**se cepillan**__ los dientes en su cuarto de

baño. Mi hermana y yo __**nos ponemos**__ la ropa a las siete y media.

Luego, tomamos el desayuno. Siempre __**nos cepillamos**__ los dientes

después del desayuno. Mi hermana también

__**se peina**__ después del desayuno. Tiene el pelo muy largo y

bonito. Mis papás __**se van**__ de la casa a las ocho y cuarto.

Mi hermana y yo __**nos vamos**__ de la casa a las ocho y media.

Unidad 12 *(Tape Exercise and Pronunciation Page 28)*
Los sonidos del idioma
Pronunciation Exercise

Unidad 12 *(Tape Exercise and Pronunciation Page 29)*
¿Cómo lo dices?
Exercise 1

The following answers are given on the Exercise Cassette:

Ⓜ Mamá sabe cocinar.
Ⓜ Paco y Marta saben barrer el piso.
1. Papá sabe patinar.
2. Yo sé bailar.
3. Mis amigos y yo sabemos cantar.
4. Catalina sabe pintar.
5. Pancho y Arturo saben nadar.
6. Alejandro sabe escribir.

Unidad 12 *(Tape Exercise and Pronunciation Page 30)*
¿Cómo lo dices?
Exercise 2

The following answers are given on the Exercise Cassette:

Ⓜ No, no hay nadie en el cuarto de baño.
Ⓜ Sí, hay algo en el piso.
1. Sí, hay alguien en el dormitorio.
2. No, no hay nadie en el comedor.
3. Sí, hay algo en el estante.
4. No, no hay nadie en la sala.
5. No, no hay nada en el balcón.
6. Sí, hay algo en el patio.

¡A conversar! Questions

Unidad 1 *(Master 150)*
1. Son las siete y media de la mañana.
2. Está muy mal.
3. Le duelen la cabeza, las piernas, los brazos, los ojos, las manos, los dientes y las pestañas.
4. Va a tener un examen.
5. Sí, va a la escuela hoy.

Unidad 2 *(Master 151)*
1. La señora Oteo busca una blusa y una falda.
2. Hay blusas, faldas, chaquetas, pantalones y zapatos.
3. La blusa es pequeña. (OR La blusa pequeña es bonita.)
4. (A la señora) le va a quedar mal una falda mediana.
5. Su prima va a llevar la falda. Su hija va a llevar la blusa.

Unidad 3 *(Master 152)*
1. Son de los amigos de Alicia.
2. El pelo de Enrique es rojizo.
3. Manuel es más alto que Enrique.
4. Gertrudis es alta y gruesa.
5. Alicia es bonita, inteligente, simpática y generosa. No es modesta.

Unidad 4 *(Master 153)*
Accept shortened or complete answers, as shown for question 1. Answers may vary.
1. Pacha. / Pacha va a la casa de Celia.
2. Sí, ella está en la cocina.
3. Sí, ella está dentro de la casa.
4. Sí, ella está fuera de la casa.
5. Están dentro del garaje.

Unidad 5 *(Master 154)*
Accept shortened or complete answers, as shown for question 1.
1. No. No va delante del sofá. / No, el televisor no va delante del sofá.
2. No, el televisor no va cerca del estante.
3. No, el televisor no va detrás de la lámpara.
4. El televisor está en el piso.
5. Ellos están lejos del Sr. Olvida.

Unidad 6 *(Master 155)*
1. Ellos van a cocinar.
2. El papá va a usar la batidora eléctrica.
3. No, el abrelatas no está dentro del gabinete.
4. Sí, ellos tienen un refrigerador en la cocina.
5. Sí, ellos van a un restaurante.

Unidad 7 *(Master 156)*
Encourage students to answer in complete sentences.
1. El papá tiene que lavar y planchar la ropa.
2. El hijo acaba de limpiar el piso.
3. La mamá va a regar las plantas.
4. El hijo acaba de pasar la aspiradora.
5. La hija tiene que inspeccionar la casa limpia.

Unidad 8 *(Master 157)*
1. No, Juan no está enfermo.
2. Cecilia va a comer frutas.
3. Cecilia tiene sandía.
4. Sí, a Juan le gustan las frutas.
5. No, no comen uvas y fresas.

Unidad 9 *(Master 158)*
Encourage students to answer in complete sentences.
1. David va a tomar huevos fritos, pan tostado, cereal con leche y jugo de naranja.
2. A veces Hugo come tortillas con frijoles.
3. Generalmente toma un pan dulce y una taza de chocolate (caliente).
4. No, a David no le gusta el desayuno de Hugo.
5. Hugo es de México.

Unidad 10 *(Master 159)*
1. Eduardo tiene hambre.
2. Eduardo va a comer con Alberto.
3. La mamá de Mirta come una ensalada, queso y pan para el almuerzo.
4. Sí, Alberto come muchas legumbres.
5. No tiene suerte porque tiene mucha hambre y va a comer legumbres.

Unidad 11 *(Master 160)*
1. No, Gregorio se levanta a las siete y media hoy.
2. Alicia se baña primero.
3. Ellos tienen que tomar el desayuno antes de irse.
4. Sí, Gregorio y Alicia tienen prisa.
5. Sí, Gregorio y Alicia van a la escuela hoy. *Also accept:* No, Gregorio y Alicia no van a la escuela hoy.

Unidad 12 *(Master 161)*
1. No, el señor Fernández no está en la biblioteca.
2. Estela busca al señor Fernández.
3. La enfermería está por el pasillo.
4. Sí, hay un pasillo cerca de la cocina.
5. El señor Fernández está en la enfermería.

TAPESCRIPTS

The tapescripts in this section are designed to help you plan your lessons to derive the most benefit from the *¡Viva el español!* audiocassettes. The scripts for the Lesson Tapes will help you select the conversations and features that will enrich your students' listening comprehension activities, while the scripts for the Exercise Tapes will enable you to choose appropriate exercises to practice the vocabulary and structures taught in each unit.

Exercise Cassettes

The Exercise Cassettes are designed to provide additional practice with the vocabulary and structures taught in the twelve regular units of the textbook. Each unit on the Exercise Cassettes contains the pronunciation lesson and one exercise corresponding to the "Los sonidos del idioma" page of the Tape Exercise and Pronunciation Pages in the *Resource and Activity Book,* and several exercises corresponding to the *¿Cómo lo dices?* sections of the textbook unit. Within each unit, grammar is typically practiced in the same order as it is presented in the textbook.

As in the textbook, each *¿Cómo lo dices?* exercise on the cassettes is preceded by a communicative context given in English. Following this, the English-speaking narrator gives step-by-step instructions for the exercise and leads students through one or two *modelos.* Then, students may begin the exercise. Students are frequently reminded that they may stop the tape while they say or write their answers. Whenever possible, the correct answers for the exercise items are given on the tapes so that students can receive immediate feedback.

The English-speaking narrator provides a brief description of what students will be required to do for each exercise. When materials are needed for an exercise, they are listed after this description. Generally, the materials needed are the Tape Exercise and Pronunciation Pages from the *Resource and Activity Book.* Next, the *modelos* are presented, followed by the exercise itself.

The tapescripts indicate which Tape Exercise and Pronunciation Page will be needed for each activity. Among other types of activities, the Tape Exercise and Pronunciation Pages include pictures or other visual cues for answering questions on the tapes, multiple-choice items for students to circle, and dictation-type activities where students write words they hear on the cassettes to complete sentences in a conversation. Some Tape Exercise and Pronunciation Pages provide blanks for students to write their answers; many were designed to give you the choice of having students write their answers on a separate sheet of paper or assigning the exercises as oral activities. Answers to the Tape Exercise and Pronunciation Page activities are given in the Answer Key beginning on page 5 of the *Resource and Activity Book.*

Lesson Cassettes

The Lesson Cassettes are recorded by native speakers of Spanish of varied ages and backgrounds. Each regular unit of the Lesson Cassettes contains the following:

- *¡Hablemos!*—The vocabulary sections of the textbook unit, including the conversation models that appear in the textbook, and additional models utilizing other section vocabulary.

- *¡A conversar!*—The conversation section found in the *Resource and Activity Book*, followed by four or five original questions about the conversation.

- Conversations—Three to five short conversations that use the unit vocabulary and structures in simulated real-life situations. Each conversation is preceded by a communicative context given by an English-speaking narrator.

- A feature—A longer, more challenging listening passage that simulates a real-life situation. Each feature is preceded by a brief communicative context given by an English-speaking narrator. The narrator also interrupts the features at intervals to give students a "breather" as they listen and provide a natural stopping place for you to ask comprehension questions.

In the tapescripts, all recorded textbook sections are followed by a page reference that directs you to the page in the textbook on which that section appears. Similarly, there are Master number references for recorded material from the *Resource and Activity Book*. All original taped material is transcribed on the tapescripts.

Both the Lesson Cassettes and the Exercise Cassettes use abbreviations to indicate the speakers. In the Lesson Cassettes, these are M (male voice) and F (female voice). In the Exercise Cassettes, the abbreviations are: P (*pregunta*), R (*respuesta*), A (*adjetivo*), and N (*nombre*).

Song Cassette

Following the Lesson Cassette Tapescript, you will find the music and lyrics for the songs on the Song Cassette. These may be reproduced or made into transparencies for use with the whole class or small groups.

Tapescript	Page
Exercise Cassettes	24
Lesson Cassettes	35
Song Cassette	54

Tapescripts / Exercise Cassettes

UNIDAD 1

Los sonidos del idioma

Presentation
See **Resource and Activity Book,** *Tape Exercise and Pronunciation Page 1*

Practice
Students hear a series of words and listen for the sounds of the consonants *n* and *ñ*, writing these letters in the blanks on their exercise pages when they hear them in a word. Students hear each word twice.

Modelos:
1. **Ñame. Ñame.**
2. **Madre. Madre.**

3. Niño. Niño.
4. Nariz. Nariz.
5. Hambre. Hambre.
6. Piña. Piña.
7. Pino. Pino.
8. Muñeca. Muñeca.
9. Cañón. Cañón.
10. Madera. Madera.

¿Cómo lo dices?

Exercise 1
Students look at a picture of a nurse's office on their exercise pages and hear children's names. They then locate the children in the picture and ask each child aloud what hurts.
See **Resource and Activity Book,** *Tape Exercise and Pronunciation Page 2*

Modelo:
    N: **David**
    P: **¿Te duelen los pies?**

- **N:**   Gloria
  P: ¿Te duele la cabeza?
- **N:**   Geraldo
  P: ¿Te duelen los dedos?
- **N:**   Pili
  P: ¿Te duelen las orejas?
- **N:**   Paco
  P: ¿Te duele el codo?
- **N:**   Fernanda
  P: ¿Te duelen las manos?
- **N:**   Silvio
  P: ¿Te duele el brazo?

Exercise 2
Students read a letter with some words missing and fill in the blanks with the correct form of the verb *doler*. They then check their answers by listening to the contents of the letter on tape.
See **Resource and Activity Book,** *Tape Exercise and Pronunciation Page 3*

¡Hola, José! ¿Qué tal? Yo no estoy bien hoy. Me duelen los ojos. También me duele la nariz. No voy a la escuela hoy. Mí hermanito no va a la escuela tampoco. A él le duelen las rodillas. Mí papá está mal también. Le duele la espalda. Mí hermana sí va a la escuela. A ella no le duele la espalda. Mí mamá está así, así. A ella le duelen las manos y la cabeza. A mí no me duele la cabeza. ¿A ti te duele la cabeza? ¡Hasta luego! Teresita.

Next, students hear questions about the letter and answer them aloud.

- **P:** ¿Al hermanito de Teresita le duele la nariz?
  R: No, a él no le duele la nariz.
- **P:** ¿Qué le duele al hermanito de Teresita?
  R: A él le duelen las rodillas.
- **P:** ¿A Teresita le duele la cabeza?
  R: No, a ella no le duele la cabeza.
- **P:** ¿Qué le duele a Teresita?
  R: A ella le duelen los ojos y la nariz.
- **P:** ¿A la hermana de Teresita le duele la espalda?
  R: No, a ella no le duele la espalda.
- **P:** ¿A la mamá de Teresita le duele la espalda?
  R: No, a ella no le duele la espalda.
- **P:** ¿Qué le duele a la mamá de Teresita?
  R: A ella le duelen las manos y la cabeza.
- **P:** ¿Qué le duele al papá de Teresita?
  R: A él le duele la espalda.

UNIDAD 2

Los sonidos del idioma

Presentation
See **Resource and Activity Book,** *Tape Exercise and Pronunciation Page 4*

Practice
Students hear a series of words beginning with the letter *h*, then write down the first two letters of each word. The students hear each word twice.

Tapescripts / Exercise Cassettes

Modelos:

1. Hora. Hora.
2. Hermano. Hermano.

3. Hugo. Hugo.
4. Hígado. Hígado.
5. Hombre. Hombre.
6. Harto. Harto.
7. Hecho. Hecho.
8. Hablar. Hablar.
9. Humano. Humano.
10. Hormiga. Hormiga.

¿Cómo lo dices?

Exercise 1

Students hear sets of adjectives and nouns and use them to form questions about how clothes fit them.

Modelo:

> **P: ¿grandes? ¿los calcetines?**
> **R: ¿Me quedan grandes los calcetines?**

- **P:** ¿grande? ¿el suéter?
  R: ¿Me queda grande el suéter?
- **P:** ¿grande? ¿el impermeable?
  R: ¿Me queda grande el impermeable?
- **P:** ¿corto? ¿los pantalones?
  R: ¿Me quedan cortos los pantalones?
- **P:** ¿pequeño? ¿el sombrero?
  R: ¿Me queda pequeño el sombrero?
- **P:** ¿grande? ¿los zapatos?
  R: ¿Me quedan grandes los zapatos?

Exercise 2

Students look at a picture of three people of different sizes and various clothing items. They then hear the name of a person and an article of clothing, and describe aloud how the article of clothing named will fit the person, based on his or her size.
See **Resource and Activity Book,** *Tape Exercise and Pronunciation Page 5*

Modelo:

> **P: Consuelo. El suéter.**
> **R: A Consuelo le queda grande el suéter.**

1. **P:** Jorge. El suéter.
   R: A Jorge le queda bien el suéter.
2. **P:** Salvador. Los calcetines.
   R: A Salvador le quedan grandes los calcetines.
3. **P:** Consuelo. Los pantalones.
   R: A Consuelo le quedan pequeños los pantalones.
4. **P:** Jorge. La chaqueta.
   R: A Jorge le queda pequeña la chaqueta.
5. **P:** Consuelo. La camisa.
   R: A Consuelo le queda bien la camisa.

UNIDAD 3

Los sonidos del idioma

Presentation
See **Resource and Activity Book,** *Tape Exercise and Pronunciation Page 6*
Practice
Students hear a series of words, then write *sí* in the blanks on their exercise pages when they hear the sound of either the letter *b* or the letter *v*, and *no* when they do not hear the sound of *b* or *v*. Students hear each word twice.

Modelos:

1. Verdad. Verdad.
2. Morado. Morado.

3. Verde. Verde.
4. Hombre. Hombre.
5. Dinero. Dinero.
6. Balón. Balón.
7. Varón. Varón.
8. Rizado. Rizado.
9. Amable. Amable.
10. Dolor. Dolor.

¿Cómo lo dices?

Exercise 1

Students hear sentences containing adjectives and repeat them in the first person, converting the adjectives into the comparative form with an ending appropriate to the gender of each student.

Modelo:

> **P: Gabriel es muy alto.**
> **R: Yo soy más alto que Gabriel.**
> **Yo soy más alta que Gabriel.**

- **P:** Marta es muy simpática.
  R: Yo soy más simpático que Marta.
  Yo soy más simpática que Marta.
- **P:** Bernardo es muy fuerte.
  R: Yo soy más fuerte que Bernardo.
  Yo soy más fuerte que Bernardo.

Tapescripts / Exercise Cassettes

- **P:** Anita es muy inteligente.
  R: Yo soy más inteligente que Anita.
  Yo soy más inteligente que Anita.
- **P:** Ernesto es muy generoso.
  R: Yo soy más generoso que Ernesto.
  Yo soy más generosa que Ernesto.
- **P:** Sara es muy atlética.
  R: Yo soy más atlético que Sara.
  Yo soy más atlética que Sara.

Exercise 2

Students look at pictures of family members and hear the family members make statements about their physical qualities. Students then write sentences that agree or disagree with each statement, beginning with *sí* or *no*, and employing the form of address appropriate for each person pictured.
See **Resource and Activity Book,** *Tape Exercise and Pronunciation Page 7*

Modelos:
  P: Soy alta.
  R: Sí, eres alta.
  P: Soy grueso.
  R: No. Usted es delgado.

1. **P:** Soy fuerte.
   R: No. Eres débil.
2. **P:** Soy baja.
   R: Sí, eres baja.
3. **P:** Soy gruesa.
   R: No. Eres delgada.
4. **P:** Soy fuerte.
   R: Sí, usted es fuerte.
5. **P:** Soy alto.
   R: Sí, eres alto.
6. **P:** Soy delgado.
   R: No. Usted es grueso.

UNIDAD 4

Los sonidos del idioma

Presentation
See **Resource and Activity Book,** *Tape Exercise and Pronunciation Page 8*
Practice
Students hear a series of words and listen for the first vowel sound in each word. They then circle the vowels they hear on their exercise pages. Students will hear each word twice.

Modelos: **Patio. Patio.**
            Lista. Lista.

1. Ella. Ella.
2. Humo. Humo.
3. Entre. Entre.
4. Hombre. Hombre.
5. Historia. Historia.
6. Cárcel. Cárcel.
7. Pista. Pista.
8. Orden. Orden.
9. Marzo. Marzo.
10. Julio. Julio.

¿Cómo lo dices?

Exercise 1
Students look at a diagram of the rooms in a house and its occupants. They hear questions addressed to the occupants about their locations and answer by circling the appropriate pronouns on their exercise pages.
See **Resource and Activity Book,** *Tape Exercise and Pronunciation Page 9*

Modelos:
  P: Alberto, ¿quién está en el comedor?
  R: Nosotros.
  P: Sara, ¿quién está en el sótano?
  R: Ellas.

1. **P:** Alberto, ¿quién está en el cuarto de baño?
   R: Ellos.
2. **P:** Rosa, ¿quién está en el dormitorio?
   R: Yo.
3. **P:** Sara, ¿quién está en la sala?
   R: Tú.
4. **P:** Sara, ¿quién está en la cocina?
   R: Nosotras.
5. **P:** Alberto, ¿quién está en el despacho?
   R: Ellos.

Exercise 2
Students listen to a dialogue twice, once straight through and once with pauses. As they listen the second time, students write forms of *estar* they hear in the dialogue in the blanks on their exercise pages.
See **Resource and Activity Book,** *Tape Exercise and Pronunciation Page 10*

SR. MARANO: ¡Candela! ¿Dónde está tu mamá?
CANDELA: Mamá está en el jardín.
SR. MARANO: ¿Y dónde está Margarita?
CANDELA: Margarita y Abuelita están en la sala.
SR. MARANO: Y tú, ¿estás con tu hermano?

Tapescripts / Exercise Cassettes

CANDELA: Sí. Estoy con él. Estamos en el dormitorio.
SR. MARANO: Entonces, toda la familia está en casa.
CANDELA: Sí, papá. Estamos todos aquí.
SR. MARANO: Gracias, hija.

Exercise 3
Students look at pictures of a house and hear "guesses" about where parts of a house are located. They then circle *cierto* or *falso* on their exercise pages to indicate whether or not the statements are correct.
See **Resource and Activity Book,** *Tape Exercise and Pronunciation Page 11*

Modelo:

    P: **El buzón está dentro de la casa.**
    R: **falso**

1. **P:** El dormitorio está dentro de la casa.
    R: cierto
2. **P:** El garaje está dentro de la casa.
    R: falso
3. **P:** Las escaleras están dentro de la casa.
    R: falso
4. **P:** La cocina está fuera de la casa.
    R: falso
5. **P:** El balcón está fuera de la casa.
    R: cierto
6. **P:** Los cuartos están dentro de la casa.
    R: cierto

UNIDAD 5

Los sonidos del idioma

Presentation
See **Resource and Activity Book,** *Tape Exercise and Pronunciation Page 12*
Practice
Students hear a series of words and listen for the *r* sound. They then draw an *X* over the pictures on their exercise pages that correspond to the words that have the *r* sound, and circle those that do not. Students will hear each word twice.

Modelos: **Pera. Pera.**
            Biblioteca. Biblioteca.

1. Carne. Carne.
2. Cara. Cara.
3. Alumna. Alumna.
4. Dedos. Dedos.

5. Naranja. Naranja.
6. Museo. Museo.
7. Discos. Discos.
8. Puerta. Puerta.
9. Computadora. Computadora.

¿Cómo lo dices?

Exercise 1
Students look at a picture of a living room on their exercise pages and hear questions about the location of furniture in the room. They then answer the questions aloud with *sí* or *no*, or with longer answers if they prefer.
See **Resource and Activity Book,** *Tape Exercise and Pronunciation Page 13*

Modelos:

    P: **El retrato está delante del sillón, ¿no?**
    R: **No, está detrás del sillón.**

- **P:** El sofá está lejos del televisor, ¿no?
    R: Sí, está lejos del televisor.
- **P:** El estante está lejos de las cortinas, ¿no?
    R: No, está cerca de las cortinas.
- **P:** Las cortinas están delante del televisor, ¿no?
    R: No, están detrás del televisor.
- **P:** El sillón está lejos del sofá, ¿no?
    R: No, está cerca del sofá.
- **P:** La alfombra está detrás del sofá, ¿no?
    R: No, está delante del sofá.
- **P:** El teléfono está cerca de la lámpara, ¿no?
    R: Sí, está cerca de la lámpara.
- **P:** La alfombra está lejos del piso, ¿no?
    R: No, está cerca del piso.
- **P:** El estante está detrás de la pared, ¿no?
    R: No, está delante de la pared.

Exercise 2 *Part 1*
Students hear a boy boasting about his possessions. They top his boasts by completing the sentences on their exercise pages with the plural form of the noun they have just heard.
See **Resource and Activity Book,** *Tape Exercise and Pronunciation Page 13*

Modelo:

    P: **Yo tengo un espejo.**
    R: **Yo tengo cuatro espejos.**

1. **P:** Yo tengo un radio.
    R: Yo tengo tres radios.
2. **P:** Yo tengo una silla.
    R: Yo tengo cuatro sillas.

Tapescripts / Exercise Cassettes

3. **P:** Yo tengo un cartel.
   R: Yo tengo diez carteles.
4. **P:** Yo tengo un televisor.
   R: Yo tengo dos televisores.
5. **P:** Yo tengo un mapa.
   R: Yo tengo cinco mapas.
6. **P:** Yo tengo una lámpara.
   R: Yo tengo dos lámparas.
   ¿De veras?

Part 2

Students hear incomplete sentences followed by adjectives. They then complete each sentence by both writing the correct form of the adjective on their exercise pages and saying it aloud. The adjectives are preceded by the letter A in the tapescript.
*See **Resource and Activity Book,** Tape Exercise and Pronunciation Page 13*

Modelos:

   P: **Tengo tres hermanas...**
   A: **Bonito**
   R: **bonitas. Tengo tres hermanas bonitas.**
   P: **Los sofás en mi casa son...**
   A: **Blanco**
   R: **blancos. Los sofás en mi casa son blancos.**

1. **P:** Tengo dos estantes...
   A: Grande
   R: grandes. Tengo dos estantes grandes.
2. **P:** Tengo cuatro cuadernos...
   A: Anaranjado
   R: anaranjados. Tengo cuatro cuadernos anaranjados.
3. **P:** En mi sala hay una lámpara...
   A: Rojo
   R: roja. En mi sala hay una lámpara roja.
4. **P:** En mi dormitorio, las cortinas son...
   A: Amarillo
   R: amarillas. En mi dormitorio, las cortinas son amarillas.
5. **P:** Mi papá es muy...
   A: Alto
   R: alto. Mi papá es muy alto.
6. **P:** Tengo tres tías...
   A: Simpático
   R: simpáticas. Tengo tres tías simpáticas.

UNIDAD 6

Los sonidos del idioma

Presentation
*See **Resource and Activity Book,** Tape Exercise and Pronunciation Page 14*

Practice
Students hear a series of words and listen for the *rr* sound. They then write *sí* in the blanks on their exercise pages for words that have the *rr* sound, and *no* for those that do not. Students will hear each word twice.

Modelos: **Rincón. Rincón.**
   Almohada. Almohada.

1. Carro. Carro.
2. Pizarra. Pizarra.
3. Hada. Hada.
4. Radio. Radio.
5. Piloto. Piloto.
6. Rico. Rico.
7. Simpático. Simpático.
8. Bisabuela. Bisabuela.
9. Reloj. Reloj.
10. Ratón. Ratón.

¿Cómo lo dices?

Exercise 1
Students hear incomplete sentences about how the members of a family paint. They look at visual cues on the exercise pages and use forms of the verb *pintar* to complete sentences indicating whether or not family members paint well.
*See **Resource and Activity Book,** Tape Exercise and Pronunciation Page 15*

Modelos:

   P: **Sara y Martín...**
   R: **no pintan bien. Sara y Martín no pintan bien.**
   P: **Abuelito...**
   R: **pinta bien. Abuelito pinta bien.**

1. **P:** Yo...
   R: pinto bien. Yo pinto bien.
2. **P:** Elena...
   R: no pinta bien. Elena no pinta bien.
3. **P:** Papá y Eugenia...
   R: no pintan bien. Papá y Eugenia no pintan bien.

Tapescripts / Exercise Cassettes

4. **P:** Tío Carlos y tía Ana…
    R: pintan bien. Tío Carlos y tía Ana pintan bien.
5. **P:** Timoteo y yo…
    R: pintamos bien. Timoteo y yo pintamos bien.
6. **P:** Abuelita…
    R: no pinta bien. Abuelita no pinta bien.

Exercise 2

Students look at pictures of places and hear questions about where Jesús and his friends are running. Students use forms of the verb *correr* to answer as Jesús would answer.
*See **Resource and Activity Book,** Tape Exercise and Pronunciation Page 15*

Modelos:
> **P:** **¿Adónde corre Ema?**
> **R:** **Corre a la escuela.**
> **P:** **¿Adónde corren Pablo y Tomás?**
> **R:** **Corren al cine.**

1. **P:** ¿Adónde corre Guillermo?
    R: Corre a la biblioteca.
2. **P:** ¿Adónde corren Linda y tú?
    R: Corremos a la casa.
3. **P:** ¿Adónde corren Arturo y Roberto?
    R: Corren al gimnasio.
4. **P:** ¿Adónde corre Teodoro?
    R: Corre a la escuela.
5. **P:** ¿Adónde corres tú?
    R: Corro a la casa.
6. **P:** ¿Adónde corren Lisa y María?
    R: Corren a la biblioteca.

Exercise 3

Students look at a list of pen pals Cristina's classmates will write to. They then hear children's names and compose sentences, using forms of the verb *escribir* to state which pen pal each child will write to.
*See **Resource and Activity Book,** Tape Exercise and Pronunciation Page 15*

Modelos:
> **P:** **Roberto y Laura**
> **R:** **Roberto y Laura escriben a Paco.**
> **P:** **Yo**
> **R:** **Yo escribo a Blanca.**

1. **P:** Tú
    R: Tú escribes a Lorenzo.
2. **P:** José
    R: José escribe a Marcos.
3. **P:** Lisa y yo
    R: Lisa y yo escribimos a Tato.
4. **P:** Juan y María
    R: Juan y María escriben a Anita.
5. **P:** Rosa
    R: Rosa escribe a Pedro.
6. **P:** Pablo y Tomás
    R: Pablo y Tomás escriben a Linda.

UNIDAD 7

Los sonidos del idioma

Presentation
*See **Resource and Activity Book,** Tape Exercise and Pronunciation Page 16*
Practice
Students hear a series of words and listen for the sounds of *r* and *rr*. They then put a check mark in the appropriate column on their exercise pages according to which sound they hear in each word. Students will hear each word twice.

Modelos: **Radio. Radio.**
 Pereza. Pereza.

1. Perro. Perro.
2. Pared. Pared
3. Marido. Marido.
4. Parrilla. Parrilla.
5. Cara. Cara.
6. Lavadora. Lavadora.
7. Ramo. Ramo.
8. Carro. Carro.
9. Cuarenta. Cuarenta.
10. Ruido. Ruido.

¿Cómo lo dices?

Exercise 1

Students hear a series of names and chores. For each name and chore, they compose sentences, using the appropriate form of *tener que*.

Modelos:
> **P:** **Emilia. Sacar la basura.**
> **R:** **Emilia tiene que sacar la basura.**
> **P:** **Pablo y yo. Lavar la ropa.**
> **R:** **Pablo y yo tenemos que lavar la ropa.**

•   **P:** Santiago. Quitar el polvo.
    R: Santiago tiene que quitar el polvo.

Tapescripts / Exercise Cassettes

- **P:** Tú. Pasar la aspiradora.
  R: Tú tienes que pasar la aspiradora.
- **P:** Diego. Recoger las cosas.
  R: Diego tiene que recoger las cosas.
- **P:** Yo. Regar las plantas.
  R: Yo tengo que regar las plantas.
- **P:** Gustavo y Guillermo. Colgar la ropa.
  R: Gustavo y Guillermo tienen que colgar la ropa.
- **P:** Rebeca y yo. Barrer el piso.
  R: Rebeca y yo tenemos que barrer el piso.

Exercise 2

Students look at a list of chores and who has done them. They hear questions about who has done which chores, and answer using the appropriate form of *acabar de.*
See **Resource and Activity Book,** *Tape Exercise and Pronunciation Page 17*

Modelos:
1. **P:** **¿Quién acaba de sacar la basura?**
   R: **Yo acabo de sacar la basura.**
2. **P:** **¿Quién acaba de lavar la ropa?**
   R: **Ramón y yo acabamos de lavar la ropa.**

3. **P:** ¿Quién acaba de regar las plantas?
   R: Rita y yo acabamos de regar las plantas.
4. **P:** ¿Quién acaba de recoger las cosas?
   R: Yo acabo de recoger las cosas.
5. **P:** ¿Quién acaba de secar la ropa?
   R: Yo acabo de secar la ropa.
6. **P:** ¿Quién acaba de quitar el polvo?
   R: Ramón, Rita y yo acabamos de quitar el polvo.
7. **P:** ¿Quién acaba de pasar la aspiradora?
   R: Rita y yo acabamos de pasar la aspiradora.
8. **P:** ¿Quién acaba de planchar la ropa?
   R: Yo acabo de planchar la ropa.

UNIDAD 8

Los sonidos del idioma

Presentation
See **Resource and Activity Book,** *Tape Exercise and Pronunciation Page 18*
Practice
Students hear the sound of the letters *s* and *z*, followed by a sentence. They then write *sí* in the blanks on their exercise pages if they hear the sound of *s* and/or *z* in the sentence, and *no* if they do not.

Modelos: **Ssss. La zebra está en el zoológico.**
Ssss. Juan va al comedor.

1. Ssss. Almuerzo en la escuela en septiembre.
2. Ssss. Esteban siempre come mucho.
3. Ssss. Tengo frío en el invierno.
4. Ssss. ¿Vas a la fiesta?
5. Ssss. Sé caminar con zancos.
6. Ssss. Escribo cartas a Marcos.
7. Ssss. Hay una alfombra en el dormitorio.
8. Ssss. Abuelita vive en Bolivia.

¿Cómo lo dices?

Exercise 1
Students look at pictures of table-setting items and hear subjects containing a name and/or pronoun. They then complete the sentences aloud, indicating which item is being placed on the table and using the correct form of *poner.* Students also write the forms of *poner* in the blanks on their exercise pages.
See **Resource and Activity Book,** *Tape Exercise and Pronunciation Page 19*

Modelos:
P: **Amelia y yo...**
R: **ponemos el mantel en la mesa.**
P: **Mamá y tú...**
R: **ponen la crema en la mesa.**

1. **P:** Enrique...
   R: pone los cuchillos en la mesa.
2. **P:** Fidel y Francisco...
   R: ponen las servilletas en la mesa.
3. **P:** Tú...
   R: pones los vasos en la mesa.
4. **P:** Patricia...
   R: pone los platos en la mesa.
5. **P:** Papá y yo...
   R: ponemos el azúcar en la mesa.
6. **P:** Berta...
   R: pone las tazas en la mesa.
7. **P:** Tú...
   R: pones los platillos en la mesa.
8. **P:** Papá y mamá...
   R: ponen los tenedores en la mesa.

Exercise 2
Students hear names of fruits, and, taking cues from the pictures on their exercise pages, say sentences aloud that indicate who is bringing each fruit, using the appropriate form of *traer.*
See **Resource and Activity Book,** *Tape Exercise and Pronunciation Page 20*

Tapescripts / Exercise Cassettes

Modelos:

    P: **Las cerezas**
    R: **Mercedes trae las cerezas.**
    P: **Los limones**
    R: **Benito y yo traemos los limones.**

1. **P:** La sandía
   R: Catalina trae la sandía.
2. **P:** La piña
   R: Yo traigo la piña.
3. **P:** Las manzanas
   R: Donaldo y Federico traen las manzanas.
4. **P:** Las fresas
   R: Amparo trae las fresas.
5. **P:** Las naranjas
   R: Isabel y Javier traen las naranjas.
6. **P:** Los plátanos
   R: Mercedes trae los plátanos.

Exercise 3

Students look at a picture of a house and hear "guesses" about where objects are located in the house. They then say *sí* or *no* aloud to indicate whether or not the statements are correct.

*See **Resource and Activity Book**, Tape Exercise and Pronunciation Page 20*

Modelo:

    P: **La lámpara está debajo de la mesita de noche.**
    R: **No.**

1. **P:** Las piñas están sobre la alfombra.
   R: No.
2. **P:** Los libros están debajo de la silla.
   R: Sí.
3. **P:** El teléfono está debajo del estante.
   R: No.
4. **P:** La silla está sobre la mesa.
   R: Sí.
5. **P:** La sal y la pimienta están sobre el televisor.
   R: Sí.
6. **P:** El cuchillo está debajo de la servilleta.
   R: No.

UNIDAD 9

Los sonidos del idioma

Presentation
*See **Resource and Activity Book**, Tape Exercise and Pronunciation Page 21*

Practice
Students hear a series of words. They will find the words on their exercise pages with one letter missing. Students write the letter *c* in the blanks on their exercise pages for words that have the soft *c* sound. Students will hear each word twice.

Modelos: **Afectar. Afectar.**
         Aceite. Aceite.

1. Mecedora. Mecedora.
2. Alfiler. Alfiler.
3. Perejil. Perejil.
4. Parecido. Parecido.
5. Merecer. Merecer.
6. Pueblo. Pueblo.
7. Ciudad. Ciudad.
8. Marchar. Marchar.
9. Dotado. Dotado.
10. Relación. Relación.

¿Cómo lo dices?

Exercise 1 *Part 1*
Students hear incomplete questions and write the appropriate form of *querer* in the blanks on the exercise pages to complete each question.

*See **Resource and Activity Book**, Tape Exercise and Pronunciation Page 22*

Modelos:

    P: **Elena y abuelito**
    R: **Elena y abuelito, ¿qué quieren tomar?**
    P: **Ernesto**
    R: **Ernesto, ¿qué quieres tomar?**

1. **P:** Mamá y papá
   R: Mamá y papá, ¿qué quieren tomar?
2. **P:** Abuelita
   R: Abuelita, ¿qué quieres tomar?
3. **P:** Tío Julio
   R: Tío Julio, ¿qué quieres tomar?
4. **P:** Rogelio y Laura
   R: Rogelio y Laura, ¿qué quieren tomar?

Part 2
Students take cues from the pictures on their exercise pages to answer the questions they have just completed, writing their answers in the blanks on their exercise pages. Students may use the tape to check their answers after completing the activity.

*See **Resource and Activity Book**, Tape Exercise and Pronunciation Page 22*

Tapescripts / Exercise Cassettes

Modelos:

P: **Elena y abuelito, ¿qué quieren tomar?**
R: **Queremos cereal.**
P: **Ernesto, ¿qué quieres tomar?**
R: **Quiero leche.**

- P: Mamá y papá, ¿qué quieren tomar?
  R: Queremos café.
- P: Abuelita, ¿qué quieres tomar?
  R: Quiero una toronja.
- P: Tío Julio, ¿qué quieres tomar?
  R: Quiero huevos revueltos.
- P: Rogelio y Laura, ¿qué quieren tomar?
  R: Queremos pan tostado.

Exercise 2

Students hear a waiter inquiring who among Teresita and her friends has ordered various breakfast items. Following each question, students hear a name or names which they use to formulate an answer, using a possessive adjective.

Modelos:

P: **¿De quién es el té?**
   Teresita y Lourdes
R: **Es nuestro té.**
P: **¿De quién son los huevos fritos?**
   Juan
R: **Son sus huevos fritos.**

- P: ¿De quién es el pan tostado?
  Juan y Arturo
  R: Es su pan tostado.
- P: ¿De quién son los huevos revueltos?
  Lourdes
  R: Son sus huevos revueltos.
- P: ¿De quién es la avena?
  Teresita y Paco
  R: Es nuestra avena.
- P: ¿De quién son las toronjas?
  Teresita, Arturo y Juan
  R: Son nuestras toronjas.
- P: ¿De quién es la leche?
  Paco
  R: Es su leche.
- P: ¿De quién es el jugo?
  Teresita
  R: Es mi jugo.
- P: ¿De quién son los huevos pasados por agua?
  Juan y Lourdes
  R: Son sus huevos pasados por agua.
- P: ¿De quién es la mermelada?
  Juan y Arturo
  R: Es su mermelada.

UNIDAD 10

Los sonidos del idioma

Presentation
See **Resource and Activity Book,** *Tape Exercise and Pronunciation Page 23*
Practice
Students hear a series of words. They will find the words on their exercise pages with one letter missing. After they hear each word, students write the letter *c* in the blanks on their exercise pages for words that have the hard *c* sound. Students hear each word twice.

Modelos: **Culebra. Culebra.**
          Tambor. Tambor.

1. Cobrar. Cobrar.
2. Riesgo. Riesgo.
3. Bacalao. Bacalao.
4. Medir. Medir.
5. Harapo. Harapo.
6. Romano. Romano.
7. Marco. Marco.
8. Tratado. Tratado.
9. Recado. Recado.
10. Mosca. Mosca.

¿Cómo lo dices?

Exercise 1
Students hear answers containing the verb *probar*, then ask an appropriate question for each answer.

Modelos:

R: **Sí, Andrea prueba el pollo.**
P: **¿Andrea prueba el pollo?**
R: **No, no pruebo la sopa.**
P: **¿Pruebas la sopa?**

- R: Sí, nosotros probamos la ensalada.
  P: ¿Ustedes prueban la ensalada?
- R: Sí, Ángel prueba el pescado.
  P: ¿Ángel prueba el pescado?
- R: No, María no prueba las legumbres.
  P: ¿María prueba las legumbres?
- R: Sí, pruebo el arroz.
  P: ¿Pruebas el arroz?
- R: No, nosotros no probamos la carne.
  P: ¿Ustedes prueban la carne?
- R: Sí, Olga prueba los guisantes.
  P: ¿Olga prueba los guisantes?

Tapescripts / Exercise Cassettes

Exercise 2

Students hear questions about their dinner preferences and answer by writing the appropriate indirect object pronoun and correct form of *gustar* in the blanks on their exercise pages.

See **Resource and Activity Book,** *Tape Exercise and Pronunciation Page 24*

Modelos:

    P: ¿Quieren ustedes comer sopa?
    R: No, no nos gusta la sopa.
    P: ¿Quieren tus compañeros comer espaguetis?
    R: No, no les gustan los espaguetis.

1. **P:** ¿Quieres comer guisantes?
   R: No, no me gustan los guisantes.
2. **P:** ¿Quieren ustedes comer legumbres?
   R: No, no nos gustan las legumbres.
3. **P:** ¿Quieren tus amigos comer pescado?
   R: No, no les gusta el pescado.
4. **P:** ¿Quiere tu amiga comer jamón?
   R: No, no le gusta el jamón.
5. **P:** ¿Quieren tus compañeros comer zanahorias?
   R: No, no les gustan las zanahorias.
6. **P:** ¿Quieres comer carne?
   R: No, no me gusta la carne.
7. **P:** ¿Quieren ustedes comer arroz?
   R: No, no nos gusta el arroz.
8. **P:** ¿Quiere tu amigo comer papas?
   R: No, no le gustan las papas.

UNIDAD 11

Los sonidos del idioma

Presentation
See **Resource and Activity Book,** *Tape Exercise and Pronunciation Page 25*

Practice
Students hear a series of words and listen for the sound of the letter *q*. They then circle the number 1 on their exercise pages if the word starts with *q*, and the number 2 if *q* appears in the middle of the word. Students will hear each word twice.

Modelos: **Quince. Quince.**
           Mantequilla. Mantequilla.

1. Quebrar. Quebrar.
2. Quemazón. Quemazón.
3. Mariquita. Mariquita.
4. Quiero. Quiero.
5. Máquina. Máquina.
6. Maqueta. Maqueta.
7. Quizá. Quizá.
8. Taquigrafía. Taquigrafía.
9. Buque. Buque.
10. Quinceañera. Quinceañera.

¿Cómo lo dices?

Exercise 1

Students hear a girl asking her friends about their plans. Using the pictures on their exercise pages as cues, they then answer each question as would the person being addressed, using forms of the verb *pensar*.

See **Resource and Activity Book,** *Tape Exercise and Pronunciation Page 26*

Modelos:

    P: Sofía, ¿qué piensan hacer tu familia y tú esta noche?
    R: Pensamos tomar la cena.
    P: ¿Qué piensan hacer Vicente y Rafael esta tarde?
    R: Piensan sacar la basura.

1. **P:** ¿Qué piensa hacer Felipe esta tarde?
   R: Piensa nadar.
2. **P:** David, ¿qué piensas hacer esta noche?
   R: Pienso regar las plantas.
3. **P:** Ramón, ¿qué piensan hacer tu hermana y tú esta tarde?
   R: Pensamos barrer el piso.
4. **P:** ¿Qué piensan hacer mamá y tía Julia esta noche?
   R: Piensan cocinar.
5. **P:** ¿Qué pienso hacer yo esta tarde?
   R: Piensas patinar.
6. **P:** Marcela, ¿qué piensan hacer tus amigos y tú esta tarde?
   R: Pensamos comer.
7. **P:** Adán, ¿qué piensas hacer esta noche?
   R: Pienso estudiar.
8. **P:** ¿Qué piensa hacer Leonor esta tarde?
   R: Piensa cantar.

Exercise 2

Students listen to a boy describing his morning routine. They will hear the description twice, once straight through and once with pauses between the sentences. As they listen the second time, students write the reflexive verb forms they hear in the sentences in the blanks on their exercise pages.

Tapescripts / Exercise Cassettes

See Resource and Activity Book, Tape Exercise and Pronunciation Page 27

FERNANDO GARCÍA:

Yo siempre me levanto temprano. Mis papás y mi hermana se levantan más tarde, a las siete y cuarto. Me baño primero. Luego, mi hermana se baña. Mis papás tienen un cuarto de baño cerca de su dormitorio. Ellos se cepillan los dientes en su cuarto de baño. Mi hermana y yo nos ponemos la ropa a las siete y media. Luego, tomamos el desayuno. Siempre nos cepillamos los dientes después del desayuno. Mi hermana también se peina después del desayuno. Tiene el pelo muy largo y bonito. Mis papás se van de la casa a las ocho y cuarto. Mi hermana y yo nos vamos de la casa a las ocho y media.

UNIDAD 12

Los sonidos del idioma

Presentation

See Resource and Activity Book, Tape Exercise and Pronunciation Page 28

Practice

Students hear a series of words and listen for the hard *g* sound. They then circle the pictures on their exercise pages that correspond to the words that have the hard *g* sound, and draw an *X* over those that do not. Students will hear each word twice.

Modelos:
1. **Cerdo. Cerdo.**
2. **Gato. Gato.**

3. Caballo. Caballo.
4. Geografía. Geografía.
5. Gusano. Gusano.
6. Muñeca. Muñeca.
7. Casa. Casa.
8. Gallina. Gallina.
9. Globo. Globo.
10. Camisa. Camisa.
11. Regla. Regla.
12. Gimnasio. Gimnasio.

¿Cómo lo dices?

Exercise 1

Students look at pictures showing people engaged in activities and hear subjects naming the people pictured. They then complete the sentences aloud with the correct form of *saber*, plus the infinitive that describes the activity pictured.

See Resource and Activity Book, Tape Exercise and Pronunciation Page 29

Modelos:
	P:	**Mamá...**
	R:	**sabe cocinar.**
	P:	**Paco y Marta...**
	R:	**saben barrer el piso.**

1. **P:** Papá...
   R: sabe patinar.
2. **P:** Yo...
   R: sé bailar.
3. **P:** Mis amigos y yo...
   R: sabemos cantar.
4. **P:** Catalina...
   R: sabe pintar.
5. **P:** Pancho y Arturo...
   R: saben nadar.
6. **P:** Alejandro...
   R: sabe escribir.

Exercise 2

Students look at pictures of places in a house and answer questions about the presence of people and things in various rooms, using affirmative and negative words.

See Resource and Activity Book, Tape Exercise and Pronunciation Page 30

Modelos:
	P:	**¿Hay alguien en el cuarto de baño?**
	R:	**No, no hay nadie en el cuarto de baño.**
	P:	**¿Hay algo en el piso?**
	R:	**Sí, hay algo en el piso.**

1. **P:** ¿Hay alguien en el dormitorio?
   R: Sí, hay alguien en el dormitorio.
2. **P:** ¿Hay alguien en el comedor?
   R: No, no hay nadie en el comedor.
3. **P:** ¿Hay algo en el estante?
   R: Sí, hay algo en el estante.
4. **P:** ¿Hay alguien en la sala?
   R: No, no hay nadie en la sala.
5. **P:** ¿Hay algo en el balcón?
   R: No, no hay nada en el balcón.
6. **P:** ¿Hay algo en el patio?
   R: Sí, hay algo en el patio.

Exercise 3

Students hear questions about family members containing superlative words. Students answer aloud in their own words. Answers will vary.

Tapescripts / Exercise Cassettes

Modelo:

P: **En tu familia, ¿quién es el más alto o la más alta?**

R: **Mi tía es la más alta.**

P: En tu familia, ¿quién es el más generoso o la más generosa?

P: En tu familia, ¿quién es el más inteligente o la más inteligente?

P: En tu familia, ¿quién es el más cómico o la más cómica?

P: En tu familia, ¿quién es el más atlético o la más atlética?

P: En tu familia, ¿quién es el más tímido o la más tímida?

P: En tu familia, ¿quién es el más fuerte o la más fuerte?

Tapescripts / Lesson Cassettes

UNIDAD 1

¡Hablemos!

(See textbook, pages 24–25.)

Students will also hear these conversations:

—El dedo es una parte del cuerpo.

—Sí. Correcto.

—La mano es una parte del cuerpo.

—Sí. La mano es una parte del cuerpo también.

—¿Vas a practicar el béisbol?

—No, no voy a practicar.

—¿Por qué no?

—Porque me duele el hombro.

—¿Vas a bailar?

—No, no voy a bailar.

—¿Por qué no?

—Porque me duele la rodilla.

(See textbook, pages 28–29.)

Students will also hear these conversations:

—¿Qué parte de la cara es ésta?

—Es el ojo.

—¿Qué parte de la cara es ésta?

—Es la ceja, por supuesto.

—¿Qué parte de la cara es ésta?

—Son las pestañas.

¡A conversar!

(*See **Resource and Activity Book,** Master 150.*)

Preguntas

1. **P:** ¿Son las diez y media de la mañana?
   R: No. No. No son las diez y media de la mañana. Son las siete y media.

2. **P:** ¿Está bien Víctor?
   R: No. No, Victor no está bien. Víctor está muy mal.

3. **P:** ¿A Víctor le duele la cabeza?
   R: Sí. Sí, a Víctor le duele la cabeza.

4. **P:** ¿Tiene Víctor un exámen de matemáticas hoy?
   R: No. No, Víctor no tiene un examen de matemáticas hoy. Tiene un examen de historia.

5. **P:** ¿A Víctor le duelen las pestañas?
   R: Sí. Sí, a Víctor le duelen las pestañas.

Conversations

Conversation 1

NARRATOR: Daniel is not feeling well at all this morning. Maybe his father will let him stay home from school.

PAPÁ: Buenos días, Daniel.

DANIEL: Hola, papá.

PAPÁ: ¿Qué pasa, hijo? ¿No estás bien?

DANIEL: No, papá. Estoy muy mal.

PAPÁ: ¡Qué lástima! ¿Qué te duele?

DANIEL: Me duelen la cabeza, las piernas, los brazos, las manos, la espalda, todo. Hasta el pelo me duele.

PAPÁ: Pobre Daniel. Hoy no vas a la escuela.

DANIEL: ¡Gracias, papá!

PAPÁ: ¿Ahora estás bien?

DANIEL: Pues, un poco. Pero, no voy a la escuela, ¿verdad?

PAPÁ: No, no vas a la escuela, hijo.

Tapescripts / Lesson Cassettes

Conversation 2

NARRATOR:	Señorita Saura's class is talking about the parts of the head and face today.
SRTA. SAURA:	Buenas tardes, clase.
ALUMNOS:	Buenas tardes, profesora.
SRTA. SAURA:	Hoy vamos a hablar de las partes de la cabeza. Leonardo, ¿conoces las partes de la cabeza?
LEONARDO:	Sí, profesora.
SRTA. SAURA:	¿Cuáles son?
LEONARDO:	Pues, son las cejas, las mejillas, las orejas...mmm...el pelo...
SRTA. SAURA:	Muy bien, Leonardo. Juanita, ¿puedes decirme las partes de la cabeza?
JUANITA:	Sí, profesora. Son la boca, la lengua, la nariz, los ojos y el pelo.
SRTA. SAURA:	¡Muy bien, Juanita! ¡Muy bien, clase!

Feature

NARRATOR:	Rosario is in the hospital with a broken arm. Her classmates from Sra. Riera's class at *La Escuela Central* have come to visit her.
SRA. RIERA:	El hospital es muy grande. Diego, busca el número noventa y cuatro.
DIEGO:	¡Mire, profesora! ¡Aquí está!
SRA. RIERA:	Tienes razón, Diego.
ALUMNO:	No me gustan los hospitales, profesora.
ROSARIO:	Pasa.
SRA. RIERA & ALUMNOS:	¡Hola, Rosario!
ROSARIO:	Señora Riera, amigos, ¡qué gusto en verlos!
DIEGO:	¿Cómo estás, Rosario?
ROSARIO:	Estoy así, así. Tengo dolor.
ALUMNA:	¿Qué te duele?
ROSARIO:	Me duele el brazo.
SRA. RIERA:	¿Te duele todo el brazo?
ROSARIO:	Sí, profesora. Me duelen la mano, el codo y el hombro. Hasta me duelen los dedos.
DIEGO:	¿Cuándo vas a tu casa?
ROSARIO:	Mañana voy a casa. Y el lunes, voy a ir a la escuela.
SRA. RIERA:	¡Qué bueno!
ALUMNO:	Yo voy a mi casa ahora. Discúlpame, Rosario, pero no me gustan los hospitales.
ROSARIO:	Está bien. Tengo sueño.
SRA. RIERA:	Entonces, nos vamos todos. Hasta el lunes, Rosario.
ALUMNOS:	Adiós. Hasta luego.
ROSARIO:	Adiós, amigos, y gracias por su visita.

UNIDAD 2

¡Hablemos!

(See textbook, pages 42–43.)
Students will also hear these conversations:
—¿Qué ropa llevas hoy?
—Llevo un vestido y un abrigo.

—¿Qué ropa llevas hoy?
—Llevo una camisa y unos pantalones.

—¿Qué ropa vas a llevar a la fiesta el viernes?
—Voy a llevar una chaqueta y unas botas.

(See textbook, pages 46–47.)
Students will also hear these conversations:
—¿Qué vas a comprar?
—Voy a comprar una gorra.

—¿Qué vas a comprar?
—Voy a comprar unas medias.

—¿Cómo te queda el suéter mediano?
—Me queda bien.

—¿Cómo te queda el suéter pequeño?
—Me queda mal.

—¿Cómo es la bata?
—No es bonita. ¡Es fea!

¡A conversar!

(See *Resource and Activity Book,* Master 151.)

Preguntas

1. **P:** La señora Oteo busca pantalones y una camisa, ¿verdad?
   R: No. No, la señora Oteo no busca pantalones y una camisa. Busca una blusa y una falda.
2. **P:** ¿Hay ropa pequeña, mediana y grande en la tienda?
   R: Sí. Sí, hay ropa pequeña, mediana y grande.
3. **P:** ¿A la señora Oteo le va a quedar bien la blusa pequeña?
   R: No. No, a la señora Oteo no le va a quedar bien la blusa pequeña.
4. **P:** ¿A la señora Oteo le va a quedar mal la falda mediana?
   R: Sí. Sí, la falda mediana va a quedar mal a la señora Oteo.

Tapescripts / Lesson Cassettes

5. **P:** La falda y la blusa son para la señora Oteo, ¿verdad?

   R: No. No, la falda y la blusa no son para la señora Oteo. La falda es para su prima y la blusa es para su hija.

Conversations

Conversation 1

NARRATOR:	Roberto and Clara do not agree on the weather.
CLARA:	Hola, Roberto.
ROBERTO:	Buenas tardes, Clara.
CLARA:	¿Qué llevas, Roberto?
ROBERTO:	Llevo zapatos, calcetines, pantalones, un suéter, una chaqueta y un sombrero.
CLARA:	¿Un suéter y un sombrero? Pero, ¿por qué?
ROBERTO:	Porque hace frío. ¡Huy!
CLARA:	Hoy no hace frío. Hace muy buen tiempo.
ROBERTO:	Pues, ¿qué llevas tú?
CLARA:	Llevo una blusa y una falda. ¿No tienes tú calor con tu chaqueta y tu sombrero?
ROBERTO:	No, no. Tengo mucho frío. Brrrr.
CLARA:	¡Pobre Roberto! ¡Hasta luego!
ROBERTO:	¡Hasta luego, Clara! Brrrrr.

Conversation 2

NARRATOR:	Eva has just met her friends Sara and Adolfo. They don't seem very impressed by her outfit.
EVA:	¡Sara! ¡Adolfo! Muy buenas noches.
ADOLFO:	Hola, Eva.
SARA:	Buenas noches, Eva. ¿Qué llevas puesto?
EVA:	Llevo botas, una falda, una blusa y un impermeable.
ADOLFO:	¡Ja, ja!
SARA:	¡Esos colores! ¡Son escandalosos!
EVA:	Bueno, mis botas son amarillas, mi falda es morada, mi blusa es anaranjada y mi impermeable es azul. También llevo medias rosadas.
ADOLFO:	¡Todo te queda muy bien! ¡Ja, ja, ja!
SARA:	¡Chch! Está bien, Eva. Está bien. Hasta luego, pues.
EVA:	Adiós, Sara. Hasta la vista, Adolfo.
ADOLFO:	¡Hasta luego!
SARA:	¡Pobre Eva! ¡Pobrecita!

Conversation 3

NARRATOR:	Alicia is wearing a very pretty outfit today. But does her mother know where Alicia got her hat?
EMILIO:	Hola, Alicia.
ALICIA:	Buenas tardes, Emilio. ¿Qué tal?
EMILIO:	Bien. Oye, llevas ropa muy bonita hoy.
ALICIA:	Gracias. La falda es de mi hermanita, la blusa es de mi amiga Linda y el sombrero es de mi mamá.
EMILIO:	Todo te queda muy bien.
MAMÁ:	¡Alicia! ¿Dónde está mi sombrero?
ALICIA:	Bueno, me voy. ¡Adiós, Emilio!
EMILIO:	Nos vemos pronto.

Feature

NARRATOR:	Amalia and Rosario need new outfits for the party this Saturday. Maybe they will find what they want at *Galerías Buenprecio*. Right now, Amalia is trying on clothes.
AMALIA:	¿Cómo me quedan estos pantalones con esta camisa?
ROSARIO:	Me gusta la camisa, pero los pantalones te quedan muy largos.
AMALIA:	Tienes razón, Rosario. Voy a ponerme el vestido rojo. ¿Me queda bien?
ROSARIO:	Sí, el vestido rojo te queda muy bien. Es muy bonito.
AMALIA:	Voy a comprar el vestido. También voy a comprar zapatos rojos para llevar con el vestido.
ROSARIO:	¡Buena idea!
NARRATOR:	Now it's Rosario's turn to try on outfits. Maybe she will also find something for this Saturday.
ROSARIO:	No me gusta esta blusa azul. Amalia, ¿cómo me queda?
AMALIA:	Te queda bien, pero no me gusta el color.
ROSARIO:	¿Y la blusa blanca con la falda verde?
AMALIA:	La blusa te queda bien y además es muy bonita, pero la falda, ¡qué fea!
ROSARIO:	Pues, me pongo los pantalones negros.
AMALIA:	¡Ay! Te quedan muy cortos.
ROSARIO:	Entonces, voy a comprar la blusa y voy a buscar una falda en otra tienda.
AMALIA:	Voy contigo. La tienda *Homero* es muy buena.
ROSARIO:	¿Sí? No la conozco…

Tapescripts / Lesson Cassettes

UNIDAD 3

¡Hablemos!

(See textbook, pages 60–61.)
Students will also hear these conversations:
—¿Cómo son tus hermanos, Enrique?
—Mi hermana Corina es baja y un poco débil.
—Mi hermano Carlos es delgado, pero es fuerte.

—¿Cómo es el pelo de tu padre?
—Es castaño y ondulado.

—¿Cómo es el pelo de Carolina?
—Es rubio y rizado.

(See textbook, pages 66–67.)
Students will also hear these conversations:
—Elena es muy atlética, ¿verdad?
—Sí, es muy atlética.
—¿Y tú? ¿Eres atlético también?
—No, no soy atlético.

—¡Qué cómico eres tú!
—¿Yo? Yo no soy cómico.

—¡Qué popular eres tú!
—Sí, es verdad. Soy popular.

¡A conversar!

(*See Resource and Activity Book, Master 152.*)

Preguntas
1. **P:** Las fotos son de la familia de Alicia, ¿verdad?
   R: No. No, las fotos no son de la familia de Alicia. Son de sus amigos.
2. **P:** Enrique tiene los ojos castaños, ¿verdad?
   R: Sí. Sí, Enrique tiene los ojos castaños.
3. **P:** ¿Es alto Manuel?
   R: Sí. Sí, Manuel es alto.
4. **P:** ¿Es baja Gertrudis?
   R: No. No, Gertrudis no es baja. Es alta.
5. **P:** ¿Hay una foto de Alicia?
   R: Sí. Sí, hay una foto de Alicia.

Conversations

Conversation 1
NARRATOR: Rosa is wondering about someone Paco knows.
ROSA: Oye, Paco.
PACO: Sí, Rosa. ¿Qué quieres?

ROSA: ¿Quién es ese muchacho?
PACO: ¿El muchacho alto con pelo rubio y ojos azules?
ROSA: No, no, el otro. El muchacho bajo y delgado con pelo castaño.
PACO: Ah, sí. Lo veo. El muchacho con ojos negros.
ROSA: No, Paco, no. Ese muchacho más bajo, delgado y fuerte con pelo castaño y rizado.
PACO: Oh, *ese* muchacho. Se llama Juan. Es mi hermano.
ROSA: Gracias, Paco.

Conversation 2
NARRATOR: Señor Barajas would like to know about Rosario's family.
SR. BARAJAS: Hola, Rosario.
ROSARIO: Buenas tardes, señor Barajas.
SR. BARAJAS: ¿Tienes muchos hermanos, Rosario?
ROSARIO: Tengo dos hermanas y un hermano.
SR. BARAJAS: ¿Cómo se llaman tus hermanas?
ROSARIO: Se llaman Elsa y Lidia, señor.
SR. BARAJAS: Y, ¿cómo es Elsa?
ROSARIO: Pues, tiene ocho años. Es menos fuerte que Lidia. Ella es muy cómica.
SR. BARAJAS: ¿Cómo es Lidia?
ROSARIO: Lidia tiene quince años. Es más alta que Elsa y es muy fuerte. Es una muchacha muy atlética. Tiene el pelo lacio y rojizo y ojos verdes.
SR. BARAJAS: Muchas gracias, Rosario.

Conversation 3
NARRATOR: Rosita's friends Raúl and Daniel are complete opposites.
DANIEL: ¡Rosita! ¡Hola! ¿Quién es tu amigo?
ROSITA: Hola, Daniel. Te presento a mi amigo Raúl.
DANIEL: ¡Mucho gusto, Raúl!
RAÚL: El gusto es mío.
DANIEL: ¿Eres tímido, Raúl?
RAÚL: Sí, soy un poco tímido.
ROSITA: Raúl es muy atlético.
DANIEL: ¿Eres atlético, Raúl? Yo no soy atlético, pero soy muy inteligente.
RAÚL: Qué bueno.
DANIEL: Pues, me voy. ¡Adiós, Raúl! ¡Adiós, Rosita!
RAÚL: Adiós.
ROSITA: ¡Hasta luego, Daniel! Daniel es muy cómico, ¿no?

Tapescripts / Lesson Cassettes

Feature

NARRATOR: All-request radio shows are popular around the world. Manuel Osorio does one every Friday afternoon on *Radio Viva*. Let's listen in.

MANUEL: Hola, amiguitos. Soy Manuel Osorio, en directo con *Radio Viva*. Son las tres de la tarde y hoy es viernes. Es la hora del programa de la música. ¿Qué canción quieres escuchar? Llamen ahora al tres-cero-dos-once-noventa. Es la primera llamada. Hola, dime.

SIMÓN: Hola, Manuel.

MANUEL: ¿Cómo te llamas?

SIMÓN: Me llamo Simón Sotelo.

MANUEL: Estás en directo con *Radio Viva*, Simón. Dime algo de ti. ¿Cómo eres?

SIMÓN: Soy muy alto y algo grueso, y muy fuerte, pero no soy atlético. Tengo el pelo rubio y los ojos azules. Tengo catorce años.

MANUEL: Y, ¿qué canción quieres, Simón?

SIMÓN: Toca "¿Dónde estás, amor?"

MANUEL: "¿Dónde estás, amor?" de la orquesta Sol y Sombra. Muchas gracias, Simón. Vamos a escuchar esta canción en seguida.

NARRATOR: Manuel is happy to play everyone's favorite songs. Let's hear what the next caller wants.

MANUEL: Tengo otra llamada. Hola, estás en directo con *Radio Viva*.

CRISTINA: Hola, Manuel. ¿Qué tal?

MANUEL: Muy bien, ¿y tú?

CRISTINA: Estoy bien.

MANUEL: ¿Cómo te llamas?

CRISTINA: Soy Cristina del Arce.

MANUEL: ¿Cuántos años tienes, Cristina?

CRISTINA: Tengo doce años.

MANUEL: ¿Y cómo eres?

CRISTINA: Tengo el pelo castaño y los ojos negros. Soy generosa y simpática con mis amigos.

MANUEL: A lo mejor eres muy popular, Cristina. ¿Qué canción quieres?

CRISTINA: Quiero dedicar una canción a mi mamá. Toca "Rubia bonita," por favor.

MANUEL: "Rubia bonita" de Los Tigres para la mamá de Cristina. Gracias, Cristina. Ahora, más música con "Rubia bonita." Llámenme en *Radio Viva* al tres-cero-dos-once-noventa...

UNIDAD 4

¡Hablemos!

(See textbook, pages 84–85.)
Students will also hear these conversations:
—¿Cómo es tu casa?
—Bueno, mi casa es muy bonita.
—¿Tiene jardín?
—¡Claro que sí!

—¿Cómo es tu casa?
—Es muy grande.
—¿Tiene escaleras?
—¡Claro que sí!

—¿Tiene garaje?
—No, no tiene garaje.

(See textbook, pages 88–89.)
Students will also hear these conversations:
—¿Cuántos cuartos tiene tu apartamento?
—Tiene cinco.
—¿Es bonita la sala?
—Sí, es bonita. Es grande también.

—¿Tiene dormitorios tu casa?
—¡Sí, claro!
—¿Son grandes los dormitorios?
—No, son pequeños. Pero son bonitos.

—¿Dónde está Felipe?
—Está fuera de la casa.
—¿Y Ana? ¿Está fuera de la casa también?
—No, Ana está dentro de la casa.

¡A conversar!

(*See* **Resource and Activity Book**, *Master 153.*)

Preguntas
1. **P:** ¿Dónde está Celia primero?
   R: Primero, está en la casa.
2. **P:** ¿Está Celia en casa?
   R: Sí, Celia está en casa.
3. **P:** ¿Va Pacha a la cocina?
   R: Sí, Pacha va a la cocina.
4. **P:** ¿Está Celia dentro o fuera del garaje?
   R: Está dentro del garaje.
5. **P:** ¿Quién va más rápido, Celia o el perrito?
   R: El perrito va más rápido.

Tapescripts / Lesson Cassettes

Conversations

Conversation 1

NARRATOR:	The Spanish teacher would like to know all about Nora's house.
PROFESOR:	Hola, Nora.
NORA:	Buenos días, profesor. ¿Cómo está usted?
PROFESOR:	Estoy bien, gracias. ¿Y tú?
NORA:	Estoy así, así.
PROFESOR:	¡Qué lástima! Dime, Nora, ¿vives en una casa?
NORA:	Sí, señor. Vivo en una casa.
PROFESOR:	¿Qué tiene tu casa?
NORA:	Mi casa tiene un techo, una chimenea, muchas ventanas y un patio. También tiene un garaje.
PROFESOR:	¿Hay balcones en tu casa?
NORA:	Sí, hay dos balcones.
PROFESOR:	Muy bien, Nora.

Conversation 2

NARRATOR:	Señor Allende is working late tonight. He is calling home to make sure the whole family is in the house.
SR. ALLENDE:	¿Irma?
IRMA:	Sí, papá.
SR. ALLENDE:	¿Están todos ustedes dentro de la casa?
IRMA:	Sí, estamos todos aquí.
SR. ALLENDE:	¿Dónde está tu mamá?
IRMA:	Ella está en la sala con Felipe.
SR. ALLENDE:	¿Y dónde están tus otros hermanos?
IRMA:	Marcos y Fernando están en sus dormitorios. Yo estoy en la cocina con Nely.
SR. ALLENDE:	Muy bien. Yo voy a casa a las siete. Adiós, Irma.
IRMA:	Hasta la vista, papá.

Conversation 3

NARRATOR:	It's almost dinner time and Señora Domínguez wants to make sure everyone is home.
SRA. DOMÍNGUEZ:	¡Eduardo! ¿Dónde estás?
EDUARDO:	¡Estoy en la sala!
SRA. DOMÍNGUEZ:	¿Dónde están las muchachas?
EDUARDO:	¡Ellas están fuera de la casa, en el patio!
SRA. DOMÍNGUEZ:	Gracias, Eduardo. ¡Roberto! ¡Antonio! ¡Están dentro de la casa!
ROBERTO:	¡No, mamá! ¡Nosotros estamos en el jardín!
SRA. DOMÍNGUEZ:	¿Dónde está la tía Clara?
HERMANA:	¡Ella está aquí en el patio con nosotras!
SRA. DOMÍNGUEZ:	Muy bien, toda la familia está en casa.

Feature

NARRATOR:	The de León family is having their house built. Right now, Señor Pineda is showing Señora de León and her son Pablo around their future home.
SRA. DE LEÓN:	Por favor, ¿dónde está el señor Pineda?
F:	Está por allí, dentro de la casa.
SRA. DE LEÓN:	Sí, lo veo. Gracias. Ven, Pablo. Vamos a hablar con el señor Pineda. ¡Hola, señor!
SR. PINEDA:	¡Señora de León! Buenas tardes. Bienvenidos a su casa.
SRA. DE LEÓN:	Le presento a mi hijo, Pablo.
SR. PINEDA:	Mucho gusto, Pablo.
PABLO:	El gusto es mío, señor.
SR. PINEDA:	Bueno, ¿vamos a ver la casa?
SRA. DE LEÓN AND PABLO:	¡Sí!
NARRATOR:	First Señor Pineda shows Pablo and Señora de León the rooms on the first floor.
SR. PINEDA:	Comenzamos aquí. Éstos son la cocina y el comedor.
SRA. DE LEÓN:	Me gusta la cocina. Es muy grande.
PABLO:	¿Hay una sala?
SR. PINEDA:	¡Claro que sí!
PABLO:	¿Qué es este cuarto?
SR. PINEDA:	Va a ser el despacho de tu mamá. También hay un cuarto de baño aquí.
NARRATOR:	Now that they've had a tour of the ground floor, Señora de León and Pablo would like to see the rooms upstairs.
SRA. DE LEÓN:	¿Dónde están los dormitorios?
SR. PINEDA:	Están arriba. Vamos a las escaleras.
PABLO:	¡Qué bueno! Los dormitorios son muy grandes. ¿Cuál es mi dormitorio?
SR. PINEDA:	Tu dormitorio es el más grande, con dos ventanas.
PABLO:	Sí, y aquí está el dormitorio de mi hermana.
SR. PINEDA:	Así es. También hay un cuarto de baño aquí.
SRA. DE LEÓN:	Va a ser una casa muy bonita.
PABLO:	¿Cuándo vamos a vivir en la casa?
SR. PINEDA:	Vas a vivir aquí el quince de enero.
SRA. DE LEÓN:	En dos meses, pues.
PABLO:	Voy a vivir en una casa en dos meses. ¡Estoy muy contento, mamá!

Tapescripts / Lesson Cassettes

UNIDAD 5

¡Hablemos!

(See textbook, pages 106–107.)
Students will also hear these conversations:
—¿Qué hay en la sala de tu casa?
—Hay unos muebles y una videocasetera.

—¿Qué más hay en la sala de tu casa?
—Hay un equipo de sonido y mucho más.

—Juliana, ¿dónde está el televisor?
—Está en la sala.

—Paco, ¿dónde está la lámpara?
—Está en el estante en el despacho.

(See textbook, pages 110–111.)
Students will also hear these conversations:
—¿Qué hay en tu dormitorio?
—Mi tocador, ¡claro! Y todas mis cosas favoritas.

—¿Qué hay en tu dormitorio?
—Mi mesita de noche, ¡claro!

—¿Dónde está tu radio?
—Está cerca de mi cama.

—¿Dónde está tu almohada?
—Está cerca de mi cama también.

¡A conversar!

(*See* **Resource and Activity Book,** *Master 154.*)

Preguntas
1. **P:** ¿De quién es el televisor?
   R: El televisor es del señor Olvida.
2. **P:** ¿Va el televisor en la alfombra?
   R: No, el televisor no va en la alfombra.
3. **P:** ¿Dónde va el televisor?
   R: Va en el piso.
4. **P:** ¿A la muchacha le duelen las piernas o los brazos?
   R: Le duelen los brazos.
5. **P:** ¿Es grande o pequeño el televisor?
   R: El televisor es grande.

Conversations

Conversation 1
NARRATOR: Laura's brother Alfredo has just cleaned the living room. Everything is in its place, or is it?
LAURA: Oye, Alfredo. ¿Dónde está el teléfono?
ALFREDO: Pues, está en la mesa, delante de la lámpara.
LAURA: No, no está en la mesa.
ALFREDO: Mmm…¿Está en el estante?
LAURA: No, no está en el estante.
ALFREDO: Quizás está cerca del televisor.
LAURA: No, no está cerca del televisor. No está detrás del televisor. ¿Dónde está el teléfono?
ALFREDO: ¡Aquí está! ¡Está detrás de las cortinas!
LAURA: ¿Detrás de las cortinas? Ay, ¡qué muchacho!

Conversation 2
NARRATOR: Felipe is visiting his friend Juan.
JUAN: Hola, Felipe. Bienvenido a mi casa.
FELIPE: Hola, Juan. Tu casa es muy bonita.
JUAN: Gracias. Aquí están la cocina, la sala y el comedor. Y aquí está mi dormitorio.
FELIPE: Es muy grande. Tienes muchos carteles.
JUAN: Me gusta tener muchos carteles en las paredes.
FELIPE: También tienes una cama, un espejo y un tocador. ¿Hay un radio en tu dormitorio?
JUAN: Tengo dos radios.

Conversation 3
NARRATOR: Felipe and Juan are in the living room now.
FELIPE: La sala de tu casa es muy bonita, Juan. Me gustan los muebles.
JUAN: Hay dos sillones, el sillón de mi papá y el sillón de mi mamá.
FELIPE: ¿Hay una alfombra?
JUAN: Sí, está aquí, delante del sofá.
FELIPE: ¿Dónde está el televisor?
JUAN: Está en el estante, cerca del teléfono.
FELIPE: Está lejos del sofá.
JUAN: Sí, pero está cerca de los sillones.
FELIPE: ¿Y dónde están los teléfonos en tu casa?
JUAN: Hay un teléfono aquí en la sala. Está en la mesa cerca del sofá. El otro teléfono está en la cocina.

Tapescripts / Lesson Cassettes

Feature

NARRATOR: The Ibarra family is moving out of the neighborhood and selling all their old furniture. They are having a house sale, and right now their neighbors are over trying to decide if they want to buy some of the furniture. Ricardo Albéñiz and his father are in the living room with Señora Ibarra.

RICARDO: Oh, papá, ¡mira los sillones!

PAPÁ: Son muy bonitos. Son marrones, como el sofá en nuestra sala.

RICARDO: ¿Compras los sillones para mi dormitorio?

PAPÁ: No, hijo. Los sillones son grandes y tu dormitorio es pequeño. Pero voy a comprar los sillones para la sala. ¿Vende los sillones, señora Ibarra?

SRA. IBARRA: Sí, vendo los sillones.

RICARDO: Oh, papá, la señora Ibarra también tiene un televisor. Yo no tengo un televisor en mi dormitorio.

PAPÁ: Y no vas a tener un televisor en tu dormitorio. Ya hay dos televisores en la casa. No necesitamos más.

RICARDO: Sí, papá.

PAPÁ: Ricardo, mira los estantes. ¿Te gustan?

RICARDO: Sí, papá. Son muy bonitos.

PAPÁ: Tienes muchos libros en tu dormitorio. ¿Compro los estantes para tus libros?

RICARDO: Sí, papá, por favor.

PAPÁ: Bueno, señora Ibarra, ¿me vende los sillones y los estantes?

SRA. IBARRA: Con mucho gusto, señor Albéñiz.

NARRATOR: While Señor Albéñiz and Señora Ibarra agree on a price in the living room, Paula Albéñiz and her mother are in Rosario Ibarra's bedroom with Rosario.

PAULA: ¿Vendes tus carteles, Rosario? Me gustan mucho.

ROSARIO: Lo siento. No vendo los carteles.

PAULA: ¡Qué lástima!

MAMÁ: La mesita de noche es bonita. Necesitas una mesita de noche.

PAULA: Sí, pero esta mesita es roja. Mis muebles son azules.

MAMÁ: Es verdad. Bueno, ¿qué más hay?

ROSARIO: Vendo mi tocador. Es muy bonito y es azul, como tus muebles.

PAULA: Es que ya tengo dos tocadores.

ROSARIO: ¿Tienes un espejo?

PAULA: Sí, pero no me gusta. Es muy feo.

Además, es pequeño.

ROSARIO: Pues, mi espejo es grande. ¿Te gusta?

PAULA: Sí, me gusta mucho. ¿Mamá?

MAMÁ: A mí también me gusta el espejo. ¿Vendes el espejo, Rosario?

ROSARIO: Sí.

PAULA: ¡Qué bueno!

UNIDAD 6

¡Hablemos!

(See textbook, pages 126–127.)
Students will also hear these conversations:
—¿En tu cocina usas el horno mucho?
—Sí, siempre uso el horno.

—¿En tu cocina usas el refrigerador?
—Sí, siempre uso el refrigerador.

—¿Cuántos cajones hay en tu cocina?
—Hay cuatro.

—¿Cuántos grifos hay en tu cocina?
—Hay un grifo.

(See textbook, pages 130–131.)
Students will also hear these conversations:
—Gabriel, ¿hay una licuadora en la cocina?
—Sí.
—¿Y qué más hay?
—Hay un horno de microondas también.

—Laura, ¿qué usas ahora?
—Uso el tostador.

—¿Y qué usas ahora?
—Uso el abrelatas.

¡A conversar!

(See **Resource and Activity Book**, Master 155.)

Preguntas

1. **P:** ¿Están Papá e Iris en la sala?
    R: No, ellos no están en la sala. Están en la cocina.
2. **P:** ¿Qué va a abrir Iris?
    R: Ella va a abrir una lata.
3. **P:** ¿Está el gabinete lejos del refrigerador?
    R: No, no está lejos. Está cerca del refrigerador.
4. **P:** ¿Comen ellos en la casa?
    R: No, ellos van al restaurante.

Tapescripts / Lesson Cassettes

5. **P:** ¿Por qué van al restaurante?
   R: Van al restaurante porque el abrelatas no está en la cocina.

Conversations

Conversation 1
NARRATOR: Señora Valentín wants to know where her children are.

SRA. VALENTÍN: ¡Susana! ¡Mateo! ¿Dónde están?

SUSANA: Estamos en la cocina, mamá.

SRA. VALENTÍN: ¿Qué hacen en la cocina, hijos?

MATEO: Cocinamos. Yo bato con la licuadora y Susana usa el horno.

SRA. VALENTÍN: Y después, ¿van a comer?

SUSANA: Primero limpiamos la cocina. Luego comemos.

MATEO: ¡Y comemos bien porque cocinamos muy bien!

Conversation 2
NARRATOR: Lupe can't find her brother Bernardo.

LUPE: Papá, ¿qué haces?

PAPÁ: Miro la televisión en la sala.

LUPE: ¿Está Bernardo en la sala?

PAPÁ: No. Marta y Rosita están aquí. Escriben cartas a sus amigas. Pero Bernardo no está.

LUPE: Gracias. Mamá. ¿estás en la cocina?

MAMÁ: Sí, Óscar y yo comemos en la cocina.

LUPE: ¿Come Bernardo con ustedes?

MAMÁ: No, Bernardo no está en la cocina. Quizás está en su dormitorio.

LUPE: Gracias, mamá…Ah, Bernardo, aquí estás.

BERNARDO: Sí, leo en mi dormitorio.

Conversation 3
NARRATOR: Paula has invited all her friends over to help her make cookies for the bake sale. The kitchen is so crowded her father can't tell who is there.

PAPÁ: Hola, chicos. ¡Uf! Hay mucha gente en la cocina hoy. Paula, ¿estas tú en la cocina?

PAULA: Sí, papá. Abro la puerta del refrigerador.

PAPÁ: ¿Dónde está Carlos?

PAULA: Está con Natán. Ellos limpian el horno.

PAPÁ: Muy bien. ¿Y qué hace Domingo?

PAULA: Él cocina. Usa el horno de microondas.

PAPÁ: ¿Y quién usa la batidora eléctrica?

PAULA: Patricia y Norma baten con la batidora eléctrica. ¿Vas a cocinar con nosotros, papá?

PAPÁ: No, gracias, Paula. Yo voy a mirar la televisión solito en la sala.

Feature

NARRATOR: We are in the *Vivavisión* studios, where a game show is about to start. The contestants have to guess the price of certain items to win a prize. Luis Hablamucho is the host of the show.

LUIS: Buenas noches, señoras y señores. Bienvenidos al programa "Adivina el precio." Mi nombre es Luis Hablamucho y mis invitados de esta noche son Bárbara Medina, de Los Ángeles, California, y Nicolás Blanco, de Houston, Texas.

NARRATOR: Now the contestants introduce themselves.

BÁRBARA: ¡Hola! Mi nombre es Bárbara Medina. Tengo dos hijos y soy de Los Ángeles, California.

NICOLÁS: Yo soy Nicolás Blanco. Soy profesor del quinto grado en una escuela de Houston, Texas.

LUIS: ¡Qué bien! Nicolás, ¿tus alumnos miran el programa de televisión de hoy?

NICOLÁS: Sí, Luis. Corren a casa para mirar a su profesor en la televisión.

LUIS: Bárbara, ¿tus hijos miran la televisión también?

BÁRBARA: No, Luis. Mis hijos son muy pequeños. Melisa tiene dos años y Paquito tiene sólo cinco meses.

NARRATOR: After the introductions everybody is ready to start. Nicolás won the toss of the coin so he will go first.

LUIS: Esta noche Nicolás y Bárbara van a adivinar el precio correcto de algunas cosas que usamos en la cocina. ¿Listos?

BÁRBARA AND NICOLÁS: Sí, Luis.

LUIS: El premio de la primera pregunta es una licuadora.

NICOLÁS: ¡Qué bueno! En mi casa batimos con la batidora eléctrica. No tengo una licuadora.

LUIS: Bueno, primero Nicolás. Nicolás, ¿el precio de este abrelatas es 20 dólares, 12 dólares o 18 dólares?

NICOLÁS: Umm…20 dólares.

Tapescripts / Lesson Cassettes

LUIS: Oh no, lo siento mucho, Nicolás. El precio correcto es 18 dólares. Ahora Bárbara.... Bárbara, ¿el precio de esta licuadora es 19 dólares, 25 dólares o 35 dólares?

BÁRBARA: Umm...Es 25 dólares, Luis.

LUIS: Correcto. Muy bien, Bárbara. ¿Cocinas mucho?

BÁRBARA: Sí, Luis. Me gusta mucho cocinar, pero estoy muchas horas en la cocina cada día.

LUIS: ¿Tienes un horno de microondas?

BÁRBARA: No, Luis. No tengo horno de microondas.

LUIS: Pues el premio por la respuesta correcta es un horno de microondas de 300 dólares. Ahora vas a cocinar más rápido.

BÁRBARA: ¡Oh gracias, muchas gracias!

LUIS: Amigos, ahora vamos a unos comerciales y ya regresamos con más de "Adivina el precio."

UNIDAD 7

¡Hablemos!

(See textbook, pages 148–149.)
Students will also hear these conversations:
—Vamos a limpiar la casa, ¿verdad, papá?
—Sí. Primero, tú vas a regar las plantas. Yo voy a pasar la aspiradora.

—Lorenzo, ¿con qué vas a quitar el polvo?
—Con el trapo.

—Patricia, ¿con qué vas a barrer el piso?
—Con la escoba, ¡claro!

(See textbook, pages 152–153.)
Students will also hear these conversations:
—Tía Ana, ¿qué haces ahora?
—Bueno, tengo que secar la ropa. Tengo que planchar la ropa también.

—David, ¿qué haces ahora?
—Bueno, tengo que recoger las cosas.

—Abuela, ¿está sucia mi camisa?
—No. Está limpia. Está cerca de la lavadora.

—¿Y mis pantalones? ¿Están limpios también?
—Sí. Están limpios.

¡A conversar!

(See *Resource and Activity Book*, *Master 156*.)

Preguntas

1. **P:** ¿Qué tiene que hacer la familia?
   R: Tiene que limpiar la casa.
2. **P:** ¿Qué tiene que hacer el papá?
   R: Tiene que lavar, secar y planchar la ropa.
3. **P:** ¿Qué acaba de hacer el hijo?
   R: Acaba de limpiar el piso y pasar la aspiradora.
4. **P:** ¿Quién acaba de quitar el polvo?
   R: La mamá acaba de quitar el polvo.
5. **P:** ¿Va a hacer mucho la hija?
   R: No, no va a hacer mucho.

Conversations

Conversation 1

NARRATOR: Simón wants to go to the movies with his friends, but he has some things to do first.

SIMÓN: Mamá, voy al cine con Andrés y Fidel.

MAMÁ: Simón, tu dormitorio está sucio. Tienes que recoger las cosas y pasar la aspiradora.

SIMÓN: Pero mamá, acabo de limpiar mi dormitorio. Mira, ahora está limpio.

MAMÁ: Bueno, ¿y la ropa? Tienes que secar la ropa.

SIMÓN: Acabo de secar la ropa, mamá. Acabo de secar y de colgar la ropa.

MAMÁ: Muy bien, Simón. ¿También acabas de sacar la basura?

SIMÓN: No, ¿por qué? ¿Tengo que sacar la basura?

MAMÁ: Primero sacas la basura y luego vas al cine con tus amigos.

SIMÓN: ¡Ya voy! Gracias, mamá. ¡Adiós!

Conversation 2

NARRATOR: Ana wants to know who can go to Clemente's house with her.

ANA: Hola, Luisa. Voy a la casa de Clemente esta tarde. ¿Vas tú a la casa de Clemente?

LUISA: No. Esta tarde tengo que planchar la ropa.

ANA: Y tus hermanos, ¿van ellos a la casa de Clemente?

LUISA: No. Ellos tienen que barrer el piso.

Tapescripts / Lesson Cassettes

ANA: ¿Tu hermana también tiene que barrer el piso?

LUISA: No, ella tiene que quitar el polvo. Todos tenemos que limpiar la casa esta tarde.

ANA: Bueno, pues, voy sola a la casa de Clemente.

LUISA: ¡Adiós, Ana!

Conversation 3

NARRATOR: Gregorio has finally finished his chores so that he can go to the movies. He would like Margarita to go with him.

GREGORIO: Buenas tardes, Margarita. Yo voy al cine.

MARGARITA: Pero, ¿no tienes que limpiar la casa con tus hermanos?

GREGORIO: Acabamos de limpiar la casa. Mis hermanos acaban de limpiar la cocina y la sala.

MARGARITA: ¿Y tú?

GREGORIO: Yo acabo de lavar la ropa, secar la ropa, pasar la aspiradora y regar las plantas.

MARGARITA: ¡Qué bueno!

GREGORIO: Y tú, ¿vas al cine hoy?

MARGARITA: No, Gregorio. Tengo que lavar la ropa, secar la ropa, pasar la aspiradora, regar las plantas…

Feature

NARRATOR: What chores do you do around the house? Disc jockey Manuel Osorio wants to hear from his listeners about which chores they like the least.

MANUEL: Hola, amiguitos. Soy Manuel Osorio en directo con *Radio Viva*. Hoy voy a hablar con todos mis amiguitos que escuchan *Radio Viva*. Quiero saber qué tienes que hacer en la casa y si te gusta. Llámame ahorita al tres-cero-dos-once-cero-nueve. Tres-cero-dos-once-cero-nueve….Ya tenemos una llamada. Hola, ¿cómo te llamas?

CLARA: Hola, me llamo Clara.

MANUEL: Estás en directo con *Radio Viva*, Clara. ¿Cuántos años tienes?

CLARA: Tengo once años.

MANUEL: ¿Y qué tienes que hacer en la casa, Clara?

CLARA: Todos los días tengo que sacar la basura. Y cada noche tengo que recoger las cosas en mi dormitorio.

MANUEL: ¿Y te gusta recoger las cosas?

CLARA: Pues, no me importa. Pero no me gusta sacar la basura. ¡Uf!

MANUEL: Gracias por tu llamada, Clara. Ahora, escuchamos una canción. "Sólo el miércoles" de Los Márquez. Espero sus llamadas al tres-cero-dos-once-cero-nueve.

NARRATOR: While Manuel plays some music, more listeners are sure to call. Let's see if anyone shares Clara's feelings about taking out the garbage.

MANUEL: ¿Les gusta la canción, amiguitos? Ahora, hay más llamadas….Hola, estás en directo con *Radio Viva*.

PEPE: Hola, Manuel.

MANUEL: ¿Cómo te llamas?

PEPE: Me llamo Pepe. Tengo trece años.

MANUEL: Pues, Pepe, ¿tienes que sacar la basura, como Clara?

PEPE: Yo no saco la basura. Tengo que lavar la ropa cada semana. También paso la aspiradora.

MANUEL: ¿Te gusta lavar la ropa?

PEPE: No, no me gusta lavar la ropa. A veces lavo la ropa roja con la ropa blanca y toda la ropa me sale rosada. ¡Qué disgusto!

MANUEL: Pobre Pepe. Tienes problemas con la ropa. Ahora, vamos a escuchar unos mensajes y después, una llamada más.

NARRATOR: Poor Pepe really does have problems with the laundry. Have you ever had your clothing change colors in the wash? Let's see what Manuel's last caller has to say.

MANUEL: Tenemos tiempo para una llamada rápida. Hola, estás en directo con *Radio Viva*. ¿Cómo te llamas?

BLANCA: Me llamo Blanca.

MANUEL: ¿Qué tienes que hacer en tu casa, Blanca?

BLANCA: En la noche, tengo que lavar los platos. No tenemos un lavaplatos.

MANUEL: ¿Y qué más?

BLANCA: De vez en cuando tengo que regar las plantas.

MANUEL: ¿Te gustan las cosas que haces en la casa?

BLANCA: Pues, no me gusta lavar los platos, pero sí me gusta regar las plantas. Son muy bonitas y verdes.

Tapescripts / Lesson Cassettes

MANUEL: Muchas gracias por tu llamada, Blanca. Y así termina la hora de hablar. Ahora, ¡más música con la Orquesta Molina!

UNIDAD 8

¡Hablemos!

(See textbook, pages 170–171.)
Students will also hear these conversations:
—¿Dónde está el azúcar?
—Está sobre la mesa, cerca de la crema.

—¿Y dónde está la sal?
—La sal está cerca de la pimienta.

—¿Qué tienes que hacer ahora?
—Tengo que poner el mantel sobre la mesa.

—¿Qué más tienes que hacer ahora?
—Tengo que poner la taza sobre la mesa.

(See textbook, pages 176–177.)
Students will also hear these conversations:
—¿Te gustan las frutas?
—Por supuesto. Me gustan las uvas y las cerezas.

—¿Te gustan las frutas?
—Sí. Me gustan las peras y las fresas.

—¿Te gustan las frutas?
—Sí. Me gusta el plátano.

—¿Qué fruta traes de la tienda?
—Sandía. ¿Te gusta la sandía?
—Sí. Por supuesto.

¡A conversar!

(*See Resource and Activity Book, Master 157.*)

Preguntas

1. **P:** ¿Son amigos Cecilia y Juan?
   R: Sí, ellos son amigos.
2. **P:** Cecilia va a comer legumbres, ¿verdad?
   R: No, Cecilia no va a comer legumbres. Va a comer frutas.
3. **P:** ¿Por qué tiene suerte Juan?
   R: Tiene suerte porque Cecilia tiene frutas.
4. **P:** ¿Van ellos a la casa de Juan?
   R: No, ellos no van a la casa de Juan. Van a la casa de Cecilia.

5. **P:** A Juan le gusta la sandía, ¿verdad?
   R: No, a Juan no le gusta la sandía.

Conversations

Conversation 1

NARRATOR: Gloria is just a little hungry today.
MAMÁ: Hola, Gloria.
GLORIA: Hola, mamá. ¿Qué tal?
MAMÁ: Bien, gracias. ¿Y tú?
GLORIA: Así, así. Tengo un poco de hambre.
MAMÁ: Bueno, ¿qué vas a comer?
GLORIA: Voy a comer una piña.
MAMÁ: ¡Una piña! ¿Y qué más?
GLORIA: Pues, voy a comer cincuenta y cuatro fresas y veintidós peras.
MAMÁ: Son muchas frutas, hija.
GLORIA: Y luego voy a comer una uva.
MAMÁ: ¿Tan sólo una uva?
GLORIA: Sí, mamá. Sólo tengo un poco de hambre.

Conversation 2

NARRATOR: It's dinner time and the Medina twins have to set the table.
PAPÁ: ¡Hijos! Son las seis y media. Es la hora de comer.
HERMANO: ¡Qué bueno! Tengo hambre.
PAPÁ: Primero tienen que poner la mesa.
HERMANO: Olivia, ven. Ponemos la mesa.
HERMANA: Bueno, yo pongo los cuchillos, los tenedores y las cucharas. ¿Pones los platos?
HERMANO: Sí, pongo los platos y los vasos. ¿Dónde están las servilletas?
HERMANA: Traigo las servilletas.
PAPÁ: Ustedes ponen la mesa muy bien.
HERMANA: Gracias, papá. ¿Traes la sal y la pimienta?
PAPÁ: Sí, aquí están.
HERMANO: Bueno, todo está. ¡Vamos a comer!

Conversation 3

NARRATOR: Yolanda and Armando are having a potluck party. Their friends are bringing fruit to make a big fruit salad.
YOLANDA: ¿Qué haces, Armando?
ARMANDO: Pongo los platos sobre la mesa. También vamos a poner las frutas sobre la mesa, ¿no?
YOLANDA: Sí. ¿Quién trae las manzanas?
ARMANDO: Gabriel trae las manzanas.
YOLANDA: ¿Y las peras?
ARMANDO: Eduardo y Pilar traen las peras.

Tapescripts / Lesson Cassettes

YOLANDA: ¿Qué trae Arturo?

ARMANDO: Él trae la piña. ¡Ay! No hay servilletas sobre la mesa.

YOLANDA: Espera. Yo traigo las servilletas.

Feature

NARRATOR: Señora Guerrero's class at *la Escuela Central* is having a potluck party. Everybody has to bring something for the fruit salad or something for the table. Raúl and Federica are going to the party now.

FEDERICA: ¿Adónde vamos, Raúl?

RAÚL: La fiesta está en el gimnasio. ¿Qué traes para la fiesta?

FEDERICA: Yo traigo el mantel para la mesa. Y tú ¿qué traes?

RAÚL: Traigo fresas para la ensalada de frutas. Mira, allí viene Marcos. ¡Hola, Marcos!

MARCOS: Hola, Raúl. Hola, Federica.

FEDERICA: ¿Qué tienes, Marcos? ¿Qué traes?

MARCOS: Es una sandía. Traigo la sandía para la ensalada de frutas.

RAÚL: Mira, aquí está el gimnasio. No está lejos ahora.

MARCOS: ¡Qué bueno!

SRA. GUERRERO: ¡Hola, muchachos! Marcos, la sandía es enorme.

MARCOS: Sí, señora. Voy a poner la sandía en la mesa.

FEDERICA: ¡Espera! Primero pongo el mantel.

MARCOS: Por favor, Federica. Hazlo rápido.

FEDERICA: Ya está.

MARCOS: ¡Qué peso!

NARRATOR: The students seem to have avoided one disaster with the watermelon. It must have been very heavy. Now Mrs. Guerrero's students are getting ready to enjoy their party.

SRA. GUERRERO: Bueno, muchachos, tenemos fresas, manzanas, plátanos, naranjas y una sandía para la ensalada. ¿Tenemos todo para la mesa?

RAÚL: No hay platos.

SRA. GUERRERO: ¿No hay platos?

FEDERICA: María y Rosario traen los platos y no están aquí.

MARÍA: ¡Sí, aquí estamos! Y traemos los platos. Siento llegar tarde, profesora.

SRA. GUERRERO: No importa. Pues, ¿vamos a preparar la ensalada?

MUCHACHOS: Sí.

MARÍA: Tenemos mucha hambre.

SRA. GUERRERO: Pongo las fresas y las manzanas en la ensalada. Federica, ¿traes las naranjas?

FEDERICA: Sí, tome.

SRA. GUERRERO: Y tenemos que cortar la sandía. Marcos, ¿me traes la sandía?

MARCOS: Sí, cómo no. ¡Mm mmm!

SRA. GUERRERO: ¡Ay! ¡Cuidado, Marcos!

MARCOS: ¡Ay!

FEDERICA: ¡Qué desastre! La sandía está en pedazos en el piso.

SRA. GUERRERO: Pues, no importa. Vamos a tener una ensalada de frutas muy buena con fresas, manzanas y plátanos. No le pongo sandía. Primero limpiamos el piso y después, ¡a comer!

MUCHACHOS: ¡Sí! ¡Vamos a comer!

UNIDAD 9

¡Hablemos!

(See textbook, pages 192–193.)
Students will also hear these conversations:
—¿Qué comes en el desayuno?
—Yo como los huevos revueltos.

—¿Qué comes en el desayuno?
—Como el pan tostado con mermelada.

—¿Qué más comes en el desayuno?
—Como la avena con margarina.

(See textbook, pages 196–197.)
Students will also hear these conversations:
—¿Qué quieres beber?
—Bueno, quiero jugo, por favor.

—¿Qué quieres beber?
—Quiero chocolate, por favor.

—¿Qué quieres beber?
—Quiero té, por favor.

—¿Vas a tomar el desayuno?
—Sí, voy a tomar cereal y una toronja.

Tapescripts / Lesson Cassettes

¡A conversar!

(See **Resource and Activity Book**, *Master 158.*)

Preguntas

1. **P:** David quiere huevos revueltos, ¿verdad?
   R: No, David quiere huevos fritos.
2. **P:** ¿Quién toma chocolate en el dasayuno?
   R: Hugo toma chocolate en el desayuno.
3. **P:** Hugo siempre come tortillas y frijoles por la mañana, ¿verdad?
   R: No, a veces come tortillas y frijoles.
4. **P:** ¿Quién toma un desayuno más grande, David o Hugo?
   R: David toma un desayuno más grande.
5. **P:** ¿Come mucho la mamá de David?
   R: No, no come mucho.

Conversations

Conversation 1

NARRATOR:	Sergio is often a little confused in the morning. His father isn't much more awake.
MAMÁ	Buenos días, Sergio.
SERGIO:	Hola, mamá.
MAMÁ	¿Qué quieres para el desayuno?
SERGIO:	Pues, quiero avena con mermelada, huevos revueltos y café con un poco de sal.
MAMÁ	¡Qué horror! No, Sergio, no quieres mermelada con tu avena y no bebes café.
SERGIO:	Oh, lo siento, mamá. Quiero avena, leche y jugo de naranja.
MAMÁ:	Muy bien. Y tú, José, ¿qué quieres?
PAPÁ:	Mmm…Yo quiero huevos fritos con azúcar, cereal con margarina, café y té.
MAMÁ:	¡Ay! ¡Qué familia!

Conversation 2

NARRATOR:	Ramón and Rita, the Ramírez twins, always agree on everything. Or do they?
RAMÓN AND RITA:	¡Hola, papá! Queremos nuestro desayuno.
PAPÁ:	Buenos días, hijos. ¿Qué quieren para su desayuno?
RITA:	Queremos huevos revueltos, pan tostado con mermelada y leche.
RAMÓN:	No, no, no. Queremos una toronja, avena y chocolate.
RITA:	No. ¡Yo no quiero avena!
RAMÓN:	¡Y yo no quiero huevos revueltos!

PAPÁ:	Hijos, por favor, ¿qué quieren para su desayuno?
RAMÓN:	Para mi desayuno quiero una toronja, avena y chocolate.
RITA:	Pues yo quiero huevos revueltos, pan tostado con mermelada y leche para mi desayuno.
PAPÁ:	Está bien. Gracias, hijos.

Conversation 3

NARRATOR:	The Oviedo family is having breakfast in a restaurant. The waitress is not sure who ordered what, but it seems that Óscar and Olivia Oviedo ordered the whole menu!
WAITRESS:	Aquí está el desayuno. Bueno, ¿para quién son los huevos fritos?
PAPÁ:	Son para Óscar y Olivia.
OLIVIA:	Sí, son nuestros huevos fritos.
WAITRESS:	¿Y para quién es la avena?
ÓSCAR:	Es nuestra avena.
WAITRESS:	¿Y las toronjas?
OLIVIA:	Son nuestras toronjas.
WAITRESS:	¿El pan tostado es para ustedes también?
OLIVIA:	Sí, es nuestro pan tostado.
WAITRESS:	Pues, el café no es para ustedes.
ÓSCAR:	No, es para papá y mamá.
PAPÁ:	Sí, es nuestro café.

Feature

NARRATOR:	Eduardo and his friends Teresa and Raúl have decided to have breakfast in a restaurant today. The friends have just sat down at their table and are looking at the menu.
EDUARDO:	Bueno, aquí estamos en nuestro restaurante favorito. ¿Qué queremos para el desayuno?
RAÚL:	No quiero comer mucho. No tengo mucha hambre. ¿Y tú, Teresa?
TERESA:	Yo sí tengo hambre. Quiero un desayuno grande.
EDUARDO:	¡Yo también! Tengo mucha hambre.
TERESA:	¡Tú siempre tienes hambre, Eduardo!
RAÚL:	¿Quieren ustedes jugo de naranja?
TERESA:	Sí, siempre tomo un vaso de jugo por la mañana.
EDUARDO:	A mí también me gusta. ¿Qué más quieren tomar?
RAÚL:	Creo que sólo voy a tomar pan tostado con mermelada y una taza de té.

TERESA:	Tu desayuno va a ser muy pequeño. Yo quiero huevos revueltos, tocino, pan tostado…
NARRATOR:	As the friends continue their conversation, a waitress comes to take their orders. Let's see if Eduardo is ready to order.
WAITRESS:	Buenos días. ¿Qué quieren tomar?
TERESA:	Pues, todos queremos jugo de naranja, ¿no?
EDUARDO AND RAÚL:	Sí.
TERESA:	Además quiero huevos revueltos, tocino, pan tostado, media toronja y una taza de té.
WAITRESS:	Está bien. ¿Y usted, señor?
EDUARDO:	Pues, tengo hambre, pero no tengo mucha hambre. Quiero huevos pasados por agua…. No, no quiero huevos…mmmmm…
WAITRESS:	¿Quiere avena?
EDUARDO:	No, no me gusta la avena.
TERESA:	¿Quieres cereal?
EDUARDO:	No….Pues, sí. Sí, quiero cereal, y…
WAITRESS:	¿Café?
EDUARDO:	No, eso no…
RAÚL:	¿Chocolate?
EDUARDO:	Sí, quiero chocolate, y…
WAITRESS:	¿Pan tostado?
TERESA:	¿Quieres una toronja?
EDUARDO:	¡Sí, eso es! Quiero cereal, una toronja y chocolate.
WAITRESS:	Muy bien. ¿Y usted, señor?
RAÚL	Yo quiero dos huevos fritos, cereal, pan tostado con mermelada y un vaso de leche.
EDUARDO:	Pero, ¿no acabas de decir que no tienes hambre?
RAÚL:	¡Es que ahora sí tengo mucha hambre!

UNIDAD 10

¡Hablemos!

(See textbook, pages 214–215.)
Students will also hear these conversations:
—¿Qué quieres para el almuerzo?
—Quiero una ensalada. ¿Y tú?
—¿Yo? Quiero legumbres y un sándwich.

—¿Qué quieres para el almuerzo?
—Quiero pollo. ¿Y tú?
—Quiero pan con queso.

—¿Qué quieres para el almuerzo?
—Quiero un helado.
—¡Ay, no!

(See textbook, pages 218–219.)
Students will also hear these conversations:
—¿Qué hay para la cena?
—Hay pescado y guisantes.
—Y, ¿qué más?
—También hay arroz.

—¿Qué hay para la cena?
—Hay carne.
—¿No hay más?
—Sí. Hay maíz y sopa.

—¿Te gustan los espaguetis con albóndigas?
—Sí, pero me gusta más el jamón.
—¿Te gusta el maíz?
—Sí, pero me gustan más las zanahorias.

¡A conversar!

(See **Resource and Activity Book**, Master 159.)
Preguntas

1. **P:** Mirta va a casa para cenar, ¿verdad?
    R: No, Mirta va a casa para almorzar.
2. **P:** ¿Quién va a la casa de Alberto, Mirta o Eduardo?
    R: Eduardo va a la casa de Alberto.
3. **P:** ¿A Eduardo le gusta comer legumbres para el almuerzo?
    R: No. A Eduardo le gusta comer papas y pollo.
4. **P:** La mamá de Mirta come pollo para el almuerzo, ¿verdad?
    R: No, ella come ensalada, queso y pan para el almuerzo.
5. **P:** ¿Tiene Eduardo mucha hambre o poca hambre?
    R: Eduardo tiene mucha hambre.

Conversations

Conversation 1

NARRATOR:	Armando and his friends are eating at a new restaurant for the first time. Some of the specialties are not very appetizing, though.
ARMANDO:	¡Mmm! Tengo hambre. ¿Qué hay para comer?

Tapescripts / Lesson Cassettes

AMIGA 1: Pruebo la gelatina de jamón. Y tú, Víctor, ¿qué pruebas?

VÍCTOR: Yo pruebo el helado de guisantes.

AMIGA 2: ¡Yo también!

VÍCTOR: ¡Qué bueno! Nosotros probamos el helado de guisantes, pues.

AMIGA 1: También quiero probar el sándwich de zanahorias.

ARMANDO: Ustedes prueban comidas muy interesantes.

VÍCTOR: ¿Qué pruebas tú, Armando?

ARMANDO: No voy a comer. Es que ahora, no tengo hambre.

Conversation 2

NARRATOR: The Sánchez family is trying to decide what to have for dinner tonight.

HIJA: Tengo hambre, mamá. Quiero comer.

PAPÁ: ¡Sí, yo también tengo hambre!

MAMÁ: ¿Qué quieren comer para la cena?

HIJA: A mí me gustan los espaguetis con albóndigas.

PAPÁ: No, no me gustan los espaguetis. Me gusta el pavo.

HIJA: No, no quiero pavo. ¿Te gusta el pescado, papá?

PAPÁ: Sí, me gusta mucho.

HIJA: Bueno, mamá, a nosotros dos nos gusta el pescado.

MAMÁ: ¿Y les gustan las zanahorias también?

HIJA: Sí.

PAPÁ: Sí, nos gustan mucho las zanahorias.

MAMÁ: Entonces, para la cena vamos a comer pescado y zanahorias.

Conversation 3

NARRATOR: Leonor would like Claudio to come to her house for lunch. Claudio is not sure he can come. Can Leonor persuade him?

LEONOR: Hola, Claudio. ¿Puedes almorzar en mi casa esta tarde?

CLAUDIO: Hola, Leonor. Gracias, pero no puedo almorzar en tu casa hoy. Tengo que limpiar mi dormitorio.

LEONOR: Mi papá cocina hamburguesas, papas y ensalada para el almuerzo.

CLAUDIO: Me gustan las hamburguesas.

LEONOR: Y después, podemos comer helado y fresas.

CLAUDIO: Me gustan mucho las fresas.

LEONOR: Puedes limpiar tu dormitorio en la tarde, después del almuerzo.

CLAUDIO: Tienes razón. Mamá, almuerzo en la casa de Leonor.

Feature

NARRATOR: Today on *Vivavisión*, Mariana Silva welcomes Julio Comebién, the famous Spanish chef, to the studio. He is going to show how to make a popular Spanish dish.

MARIANA: Hola, amigos. Soy Mariana Silva de *Vivavisión*. Hoy, mi invitado es Julio Comebién. Bienvenido, Julio.

JULIO: Hola, Mariana. Hola, muchachos.

MARIANA: Hoy vas a cocinar algo muy bueno para nosotros, ¿verdad?

JULIO: Sí. Voy a preparar una paella.

MARIANA: Pues, ¿qué es la paella?

JULIO: La paella es una comida muy popular en España. Las personas comen la paella para el almuerzo o para la cena.

MARIANA: ¿Y qué hay en la paella?

JULIO: Bueno, hay arroz, pollo y legumbres. También podemos poner pescado.

MARIANA: Mmm. ¡Qué bueno! ¿Nos vas a mostrar cómo hacer una paella?

JULIO: Sí, ¿cómo no?

MARIANA: Vamos a escuchar unos mensajes y después, volvemos y cocinamos una paella con Julio.

NARRATOR: During the break for commercials, Julio is setting up the kitchen to show the studio audience how to make paella.

MARIANA: Hola, muchachos. Ahora, volvemos con Julio Comebién. Julio, ¿vamos a hacer una paella?

JULIO: Sí, Mariana. Primero, tenemos que preparar el pollo. Yo cocino el pollo en el horno por cuarenta minutos.

MARIANA: ¿Puedo cocinar el pollo en el horno de microondas?

JULIO: Sí, puedes. Yo prefiero el horno.

MARIANA: Bueno, cuando acabas de cocinar el pollo…

JULIO: Tenemos que cocinar el arroz. Con el arroz cocinamos las legumbres. Yo pongo guisantes, pimientos y judías verdes. Si quieres, puedes poner otras legumbres. También pongo un poco de sal.

MARIANA: Tu paella va a ser muy buena. ¿Qué haces ahora?

JULIO: Ahora es muy fácil. Pongo el pollo con el arroz y las legumbres y…prueba.

Tapescripts / Lesson Cassettes

MARIANA: ¡Mmm! ¡Es delicioso! Julio Comebién, muchas gracias por hablar con nosotros y por hacer esta paella deliciosa.

JULIO: De nada, Mariana. Buen provecho. Adiós, muchachos.

UNIDAD 11

¡Hablemos!

(See textbook, pages 238–239.)
Students will also hear these conversations:
—¿Qué haces por la mañana?
—Primero, me levanto. Luego, me lavo.
—Y, por último, ¿qué haces?
—Por último, me pongo la ropa.

—¿Qué haces por la mañana?
—Bueno, primero me despierto y me levanto.
—Y luego, ¿qué haces?
—Luego, me lavo y me seco.
—¿Y luego?
—Luego, me pongo la ropa.
—Y, por último, ¿qué haces?
—Me peino.

(See textbook, pages 242–243.)
Students will also hear these conversations:
—¿Qué haces por la noche?
—Primero, me baño. Luego, me acuesto.

—¿Qué haces por la noche?
—¿Por la noche? Bueno, me baño.
—Y luego, ¿qué haces?
—Me baño y luego me acuesto.
—Ahora tengo sueño.
—Yo también. Vuelvo a casa.

¡A conversar!

(*See Resource and Activity Book, Master 160.*)

Preguntas

1. P: ¿Quién se levanta tarde, Alicia o Gregorio?
   R: Gregorio se levanta tarde.
2. P: ¿Cuántos minutos tiene para salir?
   R: Tiene treinta minutos para salir.
3. P: ¿Quién se baña primero?
   R: Alicia se baña primero.
4. P: ¿Comienzan las clases a las ocho y media?
   R: No, no comienzan a las ocho y media. Comienzan a las ocho.

5. P: ¿Hay clases los días de fiesta?
   R: No, no hay clases los días de fiesta.

Conversations

Conversation 1

NARRATOR: It's cold out this morning, and Alejandro can't get the window closed. He needs someone to help him.

HERMANA: Hola, Alejandro. ¿Qué tal?

ALEJANDRO: Brrr. Tengo frío y no puedo cerrar la ventana. Tú eres fuerte. ¿Puedes cerrar la ventana?

HERMANA: Mmmf. No, la ventana no cierra. Ramón es muy fuerte. ¿Dónde está Ramón?

ALEJANDRO: Está en el cuarto de baño. Se baña.

HERMANA: Pues, papá es fuerte también. Él puede cerrar la ventana.

ALEJANDRO: Pero papá está en la cama. Se levanta tarde hoy. ¿Podemos nosotros cerra la ventana?

ALEJANDRO AND HERMANA: Mmmm.

MAMÁ: Hijos, ¿qué hacen?

HERMANA: Cerramos la ventana, mamá. Es muy difícil.

MAMÁ: No, es muy fácil.

ALEJANDRO: Gracias, mamá. Tú eres la más fuerte de todos.

Conversation 2

NARRATOR: León is hungry, but he doesn't feel like making breakfast.

LEÓN: Buenos días, mamá.

MAMÁ: Hola, León. ¿Qué tal?

LEÓN: Tengo mucha hambre. ¿Vas a preparar el desayuno?

MAMÁ: Yo no. Me peino.

LEÓN: No quiero preparar el desayuno. Tal vez papá puede preparar el desayuno.

MAMÁ: Papá está en el baño. Se baña.

LEÓN: Pues, ¿dónde están Héctor y Roberto?

MAMÁ: Están en sus dormitorios. Se ponen la ropa.

LEÓN: ¿Puede abuelita preparar el desayuno?

MAMÁ: No, ella se cepilla los dientes. Tú tienes que preparar el desayuno hoy.

LEÓN: Bueno, ¿qué vamos a comer?

Conversation 3

NARRATOR: Susana wants to know what her friend Norma is planning to do today.

SUSANA: ¿Qué haces, Norma?

Tapescripts / Lesson Cassettes

NORMA:	Me pongo la ropa. Me voy de la casa a las nueve.
SUSANA:	¿Qué piensas hacer hoy?
NORMA:	Primero pienso ir a la casa de Gilberto. Vamos a ir al gimnasio.
SUSANA:	¿Piensan ustedes practicar los deportes?
NORMA:	Sí. También pensamos nadar esta tarde.
SUSANA:	Ay, comienza a llover.
NORMA:	Pues, si no podemos nadar, vamos a ir al cine.
SUSANA:	Yo pienso ir al cine también.
NORMA:	¡Qué bueno! Nos vemos esta tarde, pues.
SUSANA:	Sí, hasta luego.

Feature

NARRATOR:	Marisol is getting off to a late start this morning.
MARISOL:	¡Ay, qué ruido! ¿Qué hora es? ¡Caramba! ¡Ya son las ocho!
PEDRO:	¡Qué!
MARISOL:	¿Qué haces, Pedro!
PEDRO:	Me cepillo los dientes. ¿Por qué?
MARISOL:	¡Tengo que lavarme la cara y cepillarme los dientes! ¡Voy a llegar tarde a la escuela y tengo un examen de matemáticas hoy!
PEDRO:	Está bien. Espera.
MARISOL:	Gracias, Pedro. ¡Eres un hermano fantástico!
NARRATOR:	Marisol will have to get ready fast if she wants to get to school in time for her exam. Maybe her mother will help her.
MAMÁ:	¡Marisol! ¿Dónde estás?
MARISOL:	Estoy en mi dormitorio. Me pongo la ropa.
MAMÁ:	Bueno, comienzo a preparar el desayuno.
MARISOL:	No puedo comer el desayuno. No tengo tiempo. Me peino y luego me voy.
MAMÁ:	No te vas de esta casa sin tomar el desayuno. Preparo la avena.
MARISOL:	¡Pero, mamá! Tengo un examen de matemáticas.
MAMÁ:	Puedes comer rápido. Tu hermano ya come su desayuno. No piensa irse de la casa sin tomar un buen desayuno.
PEDRO:	Podemos ir juntos a la escuela. Podemos correr.
NARRATOR:	Let's see if Marisol manages to get to school in time for the test.
PEDRO:	Casi estamos a la escuela.
MARISOL:	¡Qué bueno! Pero ya son las ocho y treinta y cinco. Voy a llegar tarde para el examen.

PEDRO:	Aquí estamos. Voy a mi clase. ¡Buena suerte!
MARISOL:	¡Hasta luego! Siento llegar tarde, profesor.
PROFESOR:	Pues entra, Marisol. No llegas muy tarde. Ahora mismo comenzamos la clase.
MARISOL:	Pero el examen…
PROFESOR:	Hoy es martes, Marisol. El examen es mañana.
MARISOL:	¡Ayyy!

UNIDAD 12

¡Hablemos!

(See textbook, pages 262–263.)
Students will also hear these conversations:
—¿Quién trabaja en la biblioteca?
—El bibliotecario trabaja en la biblioteca.

—¿Quién trabaja en el comedor?
—Los cocineros trabajan en el comedor.

—Tengo que hablar con la enfermera. ¿Dónde está?
—Está en la enfermería. Allá trabaja.

(See textbook, pages 266–267.)
Students will also hear these conversations:
—¿Dónde trabaja el conserje?
—El trabaja en el pasillo.

—¿Y la conserje? ¿Dónde trabaja ella?
—Trabaja en el pasillo también.

—¿Hay una fuente de agua en la escuela?
—Sí, hay una fuente de agua.
—¿Dónde está?
—Está cerca de la entrada.

¡A conversar!

(See **Resource and Activity Book,** Master 161.)

Preguntas
1. **P:** ¿Sabe Javier dónde está el señor Fernández?
   R: Sí, Javier sabe dónde está.
2. **P:** ¿Está el señor Fernández con el bibliotecario?
   R: No, no está con el bibliotecario.
3. **P:** Estela sabe dónde está la enfermería, ¿verdad?
   R: No, Estela no sabe dónde está.

4. **P:** ¿Está alguien en la biblioteca?
    R: No, nadie está en la biblioteca.
5. **P:** ¿Tiene Estela un mapa de la escuela?
    R: No, ella no tiene un mapa.

Conversations

Conversation 1

NARRATOR:	Luz is looking for Señor Mondragón, the principal.
LUZ:	Buenas tardes, señorita Montero.
SRTA. MONTERO:	Hola, Luz, ¿qué tal?
LUZ:	Busco al señor Mondragón. ¿Sabe usted dónde está?
SRTA. MONTERO:	No sé. ¿No está en la oficina?
LUZ:	No, no hay nadie en la oficina. Tal vez está en el gimnasio.
SRTA. MONTERO:	No, él nunca va al gimnasio. ¡Oh! El señor Mondragón siempre va a la biblioteca en las tardes.
LUZ:	¡Gracias! Voy a buscar al señor Mondragón en la biblioteca. ¡Adiós, señorita Montero!
SRTA. MONTERO:	Hasta luego, Luz.

Conversation 2

NARRATOR:	Héctor and Juanita are in charge of making dinner tonight. Héctor is not being very helpful.
JUANITA:	¿Qué vamos a hacer para la cena?
HÉCTOR:	No sé.
JUANITA:	Quiero comer pollo. ¿Sabes cocinar pollo?
HÉCTOR:	No, no sé cocinar.
JUANITA:	Bueno, yo voy a cocinar el pollo. También tenemos que poner la mesa. ¿Sabes poner la mesa?
HÉCTOR:	No, no sé poner la mesa.
JUANITA:	Tere y Julio saben poner la mesa. Ellos pueden poner los platos y los vasos. Por fin, quiero preparar zanahorias para comer con el pollo. ¿Sabes preparar las zanahorias?
HÉCTOR:	No, no sé preparar las zanahorias.
JUANITA:	Pero, Héctor, ¡no sabes hacer nada!
HÉCTOR:	No es verdad. ¡Sí sé comer!

Conversation 3

NARRATOR:	Berta and her father have just come home for dinner, but where is everybody?
BERTA:	Es la hora de la cena. Tengo hambre.
PAPÁ:	Pero, ¿dónde está la cena? No hay nada en la mesa.
BERTA:	Y no hay nadie en la cocina. ¿Hay alguien en el comedor?
PAPÁ:	No, nadie está en la casa.
BERTA:	Espera, hay algo en la mesa del comedor. Es una nota de mamá. Berta y Bernardo, Estamos en la casa de los Hernández.
PAPÁ:	Entonces, vamos a la casa de los Hernández.

Feature

NARRATOR:	Today is Señor Rivera's first day as the principal of *La Escuela Balboa*.
SR. RIVERA:	Buenos días, señora. ¿Es usted la señora Gómez, la secretaria?
SRA. GÓMEZ:	Sí. Y usted es el señor Rivera, el nuevo director, ¿no? Bienvenido a la Escuela Balboa.
SR. RIVERA:	Gracias. Quiero saber todo sobre la escuela. ¿Puede usted decirme los nombres de las personas que trabajan aquí?
SRA. GÓMEZ:	Sí, cómo no. Comenzamos con los conserjes, ¿de acuerdo?
SR. RIVERA:	Sí.
SRA. GÓMEZ:	Los conserjes son los señores Jesús, García y Silvino y la señora Carmen.
SR. RIVERA:	Ah, sí. El señor Silvino es el hombre muy alto que está en la entrada de la escuela.
SRA. GÓMEZ:	No, ése es el señor Jesús. Es el hombre más alto de toda la escuela.
SR. RIVERA:	Las clases comienzan. Es la hora de trabajar. ¿Va a almorzar en el comedor hoy?
SRA. GÓMEZ:	Sí.
SR. RIVERA:	Muy bien. Podemos hablar más tarde en el comedor, pues.
NARRATOR:	Señor Rivera and Señora Gómez meet again in the lunchroom and talk some more about the people in the school.
SRA. GÓMEZ:	…y el señor Carvajal es el profesor de inglés.
SR. RIVERA:	¡Uf! Hay muchas personas en la escuela.
SRA. GÓMEZ:	Es una escuela muy grande. Ahora, los bibliotecarios…
SR. RIVERA:	Sí, quiero hablar con los bibliotecarios.
SRA. GÓMEZ:	Pues, no hay nadie en la biblioteca ahora. Usted puede hablar con los bibliotecarios esta tarde. Se llaman Ana Fuentes y Simón Losada. La señorita Fuentes es la mujer más bonita de la escuela.

Tapescripts / Lesson Cassettes

SR. RIVERA:	Bueno, y los cocineros, ¿cómo se llaman?
SRA. GÓMEZ:	Hay dos cocineras y un cocinero. Las cocineras son la señorita Milano y la señora Austral. El cocinero es el señor Peña.
SR. RIVERA:	Supongo que todos saben cocinar muy bien.
SRA. GÓMEZ:	Pues, las cocineras cocinan muy bien. Sus hamburguesas son famosas en toda la escuela.
SR. RIVERA:	¿Y el señor Peña?
SRA. GÓMEZ:	Él prepara las papas fritas. Digamos que después de comer sus papas fritas, muchas personas tienen que ir a la oficina del señor Arango.
SR. RIVERA:	¿De veras? ¿Y quién es el señor Arango?
SRA. GÓMEZ:	Es el enfermero. Es la hora de irme. Hasta luego, señor Rivera.
SR. RIVERA:	Espere, por favor. ¿Dónde está la oficina del señor Arango?
SRA. GÓMEZ:	Está en el pasillo, cerca de las escaleras. ¿Por qué?
SR. RIVERA:	¡Es que acabo de comer unas papas fritas!

Tapescripts / Song Cassette

The songs that have been selected and written for the *¡Viva el español!* textbook series include traditional music forms and standard tunes from Spanish-speaking countries, as well as original songs that reflect the students' world with humor and grace, while exposing them to the varied musical rhythms prevalent in Latin American and Spanish music.

All the songs—the music and lyrics—in this section have been recorded on the *¿Qué tal?* Song Cassette. The songs not only represent the diversity of music in Hispanic cultures but also reflect the themes or language of the units in the textbook. The following chart lists the songs and serves as a guide for you to incorporate them in your classroom activities throughout the school year.

Songs	Unit
"En enero y febrero"	Repaso
"El burro enfermo"	Unidad 1
"La Tarara"	Unidad 2
"Me gustan todas"	Unidad 3
"El grillito cri-cri-cri"	Unidad 4
"Sin ton ni son"	Unidad 5
"Don Gato"	Unidad 5
"El burrito negro"	Unidad 6
"La vida es así"	Unidad 7
"La víbora de la mar"	Unidad 8
"La cucaracha"	Unidad 9
"El almuerzo"	Unidad 10
"Para quebrar la piñata"	Unidad 12

En enero y febrero

Folk song, Spain
Words by Patti Lozano

En enero y febrero
Hace mucho frío.
Siguen marzo y abril,
Bonita primavera.
En mayo hace mucho sol.
El verano en junio y julio.

La playa en agosto.
Septiembre trae el aire fresco.
En octubre y noviembre hace mucho viento,
Y en diciembre está nevando.
Y en diciembre está nevando.

El burro enfermo

Folk song, Spain
Arrangement by Patti Lozano

1. A mi burro, a mi burro,
   Le duele la cabeza
   Y el médico le ha puesto
   Una gorrita negra.
   Una gorrita negra,
   Mi burro enfermo está.

2. A mi burro, a mi burro,
   Le duele la garganta
   Y el médico le ha puesto
   Una bufanda blanca.
   Una bufanda blanca,
   Mi burro enfermo está.

3. A mi burro, a mi burro,
   Le duele la nariz
   Y el médico le ha dado
   Agüita con anís.
   Agüita con anís,
   Mi burro enfermo está.

4. A mi burro, a mi burro,
   Le duele el corazón
   Y el médico le ha dado
   Gotitas de limón.
   Gotitas de limón,
   Mi burro enfermo está.

5. A mi burro, a mi burro,
   Le duelen las rodillas
   Y el médico le ha dado
   Un frasco de pastillas.
   Un frasco de pastillas,
   Mi burro enfermo está.

6. A mi burro, a mi burro,
   Le duelen las piernas
   Y el médico le ha dado
   Una mirada tierna.
   Una mirada tierna,
   Mi burro enfermo está.

La Tarara

Folk song, Spain
Arrangement by Patti Lozano

Chorus:
La Tarara sí,
La Tarara no.
La Tarara, niña,
Que la he visto yo.

1. Lleva mi Tarara
 Un vestido verde,
 Lleno de volantes
 Y de cascabeles.

 (Repeat chorus.)

2. Luce mi Tarara
 Sus zapatos y medias
 Y en su pelo lleva
 Un sombrero de seda.

 (Repeat chorus.)

3. Tiene la Tarara
 Unos pantalones
 Que de arriba a abajo,
 Todos son botones.

 (Repeat chorus.)

Me gustan todas

Arrangement by Patti Lozano

1. Me gustan todas,
 Me gustan todas,
 Me gustan todas en general.
 Pero esa rubia,
 Pero esa rubia,
 Pero esa rubia
 Me gusta más.

Subsequent verses could include the following:

2. Pero los altos,
 Pero los altos,
 Pero los altos
 Me gustan más.

3. Pero las bajas, . . .

4. Pero los fuertes, . . .

El grillito cri-cri-cri

Traditional song, Spain
Arrangement by Patti Lozano

Nun-ca su-pe dón-de vi - ve, nun-ca en la ca-sa lo vi. Pe - ro
to - dos es - cu - cha-mos al gri - lli - to cri-cri - cri. ¿Vi - ve
en la chi - me - ne - a o a - fue-ra en el jar - dín? ¿Dón-de
can - ta cuan - do llue - ve el gri - lli - to cri - cri - - cri?

Chorus:
Nunca supe dónde vive,
Nunca en la casa lo vi.
Pero todos escuchamos
Al grillito cri-cri-cri.

1. ¿Vive en la chimenea
   O afuera en el jardín?
   ¿Dónde canta cuando llueve,
   El grillito cri-cri-cri?

(Repeat chorus.)

2. ¿Vive en las escaleras?
   ¿Se ha metido en un rincón,
   O debajo de la cama
   O metido en el balcón?

(Repeat chorus.)

3. ¿Dónde puede estar metido?
   ¿En la sala o el comedor?
   ¿Está dentro de un zapato
   O escondido en el buzón?

(Repeat chorus.)

Sin ton ni son

Words and music by Patti Lozano

Chorus:
La, la, la, la, la, la,
La, la, la, la, la, la, la . . .
Sin ton ni son, sin ton ni son.
¡Canten alegre mi canción!
Sin ton ni son, sin ton ni son.
¡Canten alegre mi canción!

Sin ton ni son,
Sentado en el sillón.
Sin ton ni son,
Comiendo limón.
Sin ton ni son,
Leyendo en la cama.
Sin ton ni son,
Llevando pijama.

(Repeat chorus.)

Sin ton ni son,
Llorando en la almohada.
Sin ton ni son,
Que de lo importante no sé nada.
Sin ton ni son,
Saltando en la alfombra.
Sin ton ni son,
Imitando la sombra.

(Repeat chorus.)

Don Gato

Traditional song
Lyrics adapted by Patti Lozano

Está don Gato sentado
En su sillón de palo,
Con sombrerito de paja,
Y las patas en la alfombra.

Le llega carta de España.
La lee a la luz de la lámpara.
Que si quiere ser casado
Con una gatita hermosa y parda.

Su papá dice que sí.
Su mamá dice que no.
Don Gato no tiene cuidado;
Se cae del techo al piso.

Se rompe siete costillas,
La espina y las rodillas,
Y médicos y cirujanos
Corren a curar a don Gato.

Dicen muy tristemente
Que el pobre gato está muerto.
Lo llevan a enterrar
Por la calle del Pescado.

Al olor de las sardinas
Don Gato está resucitado.
Por eso dice la gente
¡Siete vidas tiene un gato!

El burrito negro

Traditional round
Arrangement by Patti Lozano

El burrito negro ya quiere comer.
Si no se lo dan pronto, se pone a gritar:
¡I-o! ¡I-o! ¡I-o! ¡I-o! ¡I-o!

La vida es así

Words and music by Patti Lozano

1. **Madre:**
   Miguel, ¿puedes barrer el piso?
   ¡Para del sofá y vente aquí!
   Miguel, ¿puedes barrer el piso?
   Por favor, ayúdame a mí.

   Hijo:
   Mamá, ¡cuánto quiero ayudarte!
   ¡Barrer el piso me gusta a mí!
   Pero tengo que estudiar las ciencias.
   ¡Lo siento que la vida sea así!

2. **Madre:**
   Inés, ¿puedes planchar la ropa?
   ¡Para del sillón y vente aquí!
   Inés, ¿puedes planchar la ropa?
   Por favor, ayúdame a mí.

   Hija:
   Mamá, ¡cuánto quiero ayudarte!
   ¡Planchar la ropa me gusta a mí!
   Pero tengo que lavarme el pelo.
   ¡Lo siento que la vida sea así!

3. **Madre:**
   Adán, ¿puedes sacar la basura?
   ¡Para de la cama y vente aquí!
   Adán, ¿puedes sacar la basura?
   Por favor, ayúdame a mí.

   Hijo:
   Mamá, ¡cuánto quiero ayudarte!
   ¡Sacar la basura me gusta a mí!
   Pero tengo que pintar mi bicicleta.
   ¡Lo siento que la vida sea así!

4. **Madre:**
   Cristóbal, ¿puedes recoger las cosas?
   ¡Para de la alfombra y vente aquí!
   Cristóbal, ¿puedes recoger las cosas?
   Por favor, ayúdame a mí.

   Hijo:
   Mamá, ¡cuánto quiero ayudarte!
   ¡Recoger las cosas me gusta a mí!
   Pero tengo que escuchar mi radio.
   ¡Lo siento que la vida sea así!

5. **Madre:**
   Mis hijos, tengo pastel de manzana,
   Caliente del horno, lo tengo aquí,
   Y como están tan ocupados,
   Todo el pastel es para mí.
   ¡Lo siento que la vida sea así!

La víbora de la mar

Traditional game song, Mexico
Arrangement by Patti Lozano

A la víbora, víbora de la mar,
Por aquí pueden pasar.
Los de adelante corren mucho,
Los de atrás se quedarán.

Una mexicana, que frutas vendía,
Ciruelas, chabacanos, melón y sandía.
Campanita de oro, déjame pasar
Con todos mis hijos, menos el de atrás.

Spoken:
¿Será melón? ¿Será sandía?
¿Será la vieja del otro día?

Game Notes:
Choose two students to be the leaders. The leaders decide between themselves who will be *el melón* and who will be *la sandía.*

The leaders stand, facing each other, and form an arch with their arms, under which the students will pass as they sing the song. When they sing, *"menos el de atrás,"* the leaders lower their arms and capture a student. As they lead the captive off to one side, the other students chant the spoken words. The captive whispers the choice of *el melón* or *la sandía* to the leaders, and then he or she stands behind the corresponding leader. At the end of the game, the leader who has the longest line, or *víbora,* wins.

La cucaracha

Traditional song, Mexico

La cu-ca-ra-cha, la cu-ca-ra-cha, ya no quie-re ca-mi - nar, por-que no tie - ne, por - que le fal - ta di - ne-ro pa-ra gas - tar. To - das las mu-cha-chas tie - nen en los o - jos dos es - - tre - llas, pe - ro las me-xi-ca - - ni - tas de se - gu - ro son más be - llas.

Chorus:
La cucaracha, la cucaracha,
Ya no quiere caminar,
Porque no tiene, porque le falta,
Dinero para gastar.

1. Todas las muchachas tienen
   En los ojos dos estrellas,
   Pero las mexicanitas
   De seguro son más bellas.

(Repeat chorus.)

2. Una cosa me da risa,
   Pancho Villa sin camisa,
   Ya se van los carrancistas,
   Porque vienen los villistas.

Repeat chorus.)

3. Para sarapes, Saltillo;
   Chihuahua, para soldados;
   Para mujeres, Jalisco;
   Para amar, toditos lados.

(Repeat chorus.)

4. Necesito un automóvil
   Para hacer la caminata
   Al lugar donde mandó
   A la Convención Zapata.

(Repeat chorus.)

El almuerzo

Words and music by Patti Lozano

¿Qué hay para el almuerzo en el refrigerador?
Porque es mediodía y yo quiero almorzar.

Voy a hacer ensalada con lechuga, frijol y cebolla
Y con queso y tocino y pedazos de jamón.
Pero no hay lechuga. Y tampoco hay queso.
Porque ya hace días que no voy al mercado.

Voy a hacer espaguetis con albóndigas y salchicha
Y hongos y pan de ajo y salsa de tomate.
Pero no hay salchicha. Y tampoco hay carne.
Porque ya hace días que no voy al mercado.

Voy a hacer una sopa con papas, arroz y guisantes,
Con chile verde picante y unos pedazos de pollo.
Pero no hay guisantes. Y tampoco hay papas.
Porque ya hace días que no voy al mercado.

Aunque es hora del almuerzo, no lo voy a tener.
Mejor ando al mercado. ¡La cena sí voy a comer!

Para quebrar la piñata

Traditional, Mexico

1. En las noches de posada,
   La piñata es lo mejor.
   La niña, la más chiquita,
   Se alborota con fervor.

   Chorus:
   ¡Dale, dale, dale! No pierdas el tino,
   Mide la distancia que hay en el camino.
   Si no pegas nada, de un palo te empino,
   Porque tienes cara de puro pepino.

2. Se rompió ya la piñata,
   Ahora sí váyanse yendo,
   Pero no vayan diciendo:
   A mí nada me tocó.

   Chorus:
   Ahora sí muchachos, váyanse a dormir,
   Para que mañana los dejen venir.
   Ahora sí muchachos, váyanse a dormir,
   Para que mañana los dejen venir.

¡HABLEMOS!

¿Cuáles son las partes del cuerpo?

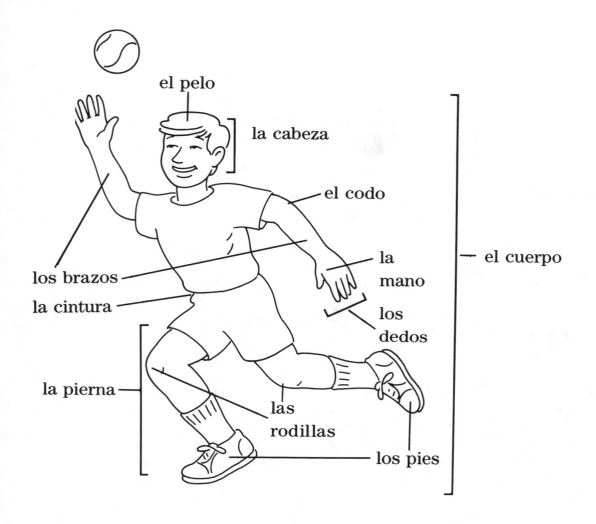

el pelo

la cabeza

el codo

la mano

los dedos

los brazos

la cintura

el cuerpo

la pierna

las rodillas

los pies

el cuello

los hombros

la espalda

los tobillos

¿Qué parte de la cara es ésta?

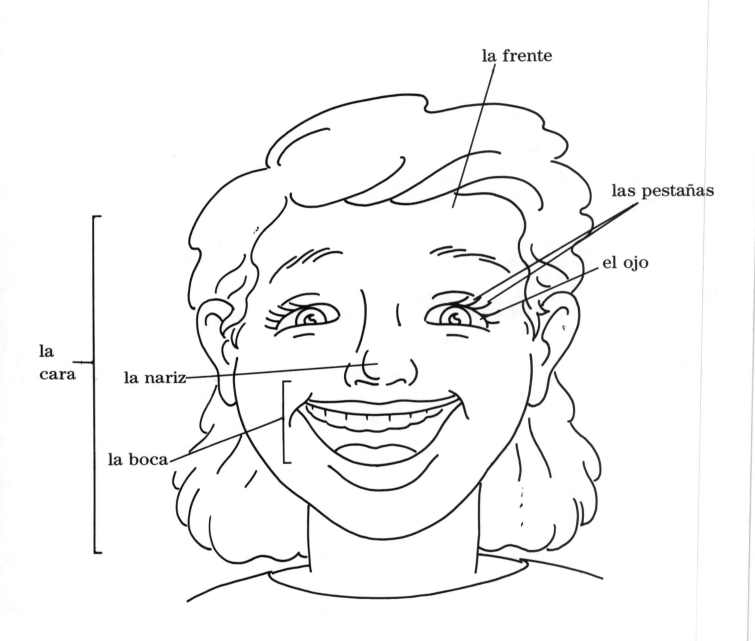

la frente

las pestañas

el ojo

la cara

la nariz

la boca

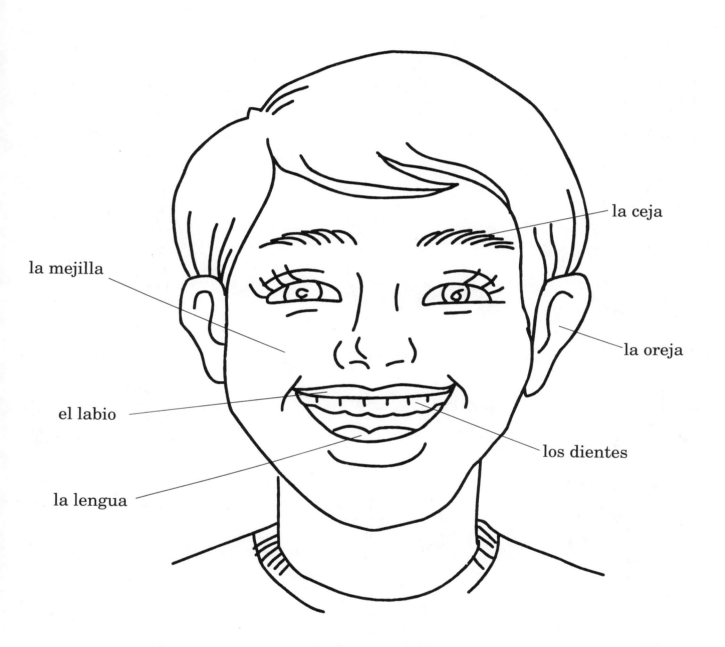

la ceja

la mejilla

la oreja

el labio

los dientes

la lengua

¿Qué llevas?

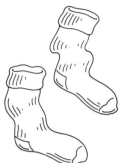

los calcetines

los zapatos

la camiseta

el suéter

las botas

el abrigo

la blusa

la falda

el vestido

la camisa

los pantalones

la chaqueta

¡Viva el Español!   © National Textbook Company

¡Hablemos!

¿Qué vas a comprar?

el sombrero

el impermeable

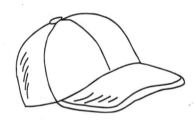

la gorra

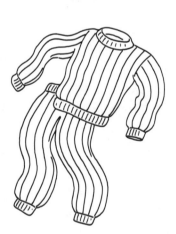

el pijama

el traje de baño

la bata

las medias

grande

mediano

pequeño

la tienda de ropa

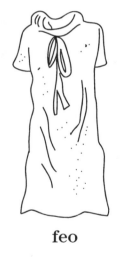

feo

bonito

comprar

¡Viva el Español!   © National Textbook Company

¡Hablemos!   ¿QUÉ TAL?

¿Cómo son?

baja

débil

delgado

alta

fuerte

grueso

¡Qué simpático eres tú!

simpático

atlética

inteligente

tímido

popular

impaciente

generoso

cómica

¿Qué hay fuera de la casa?

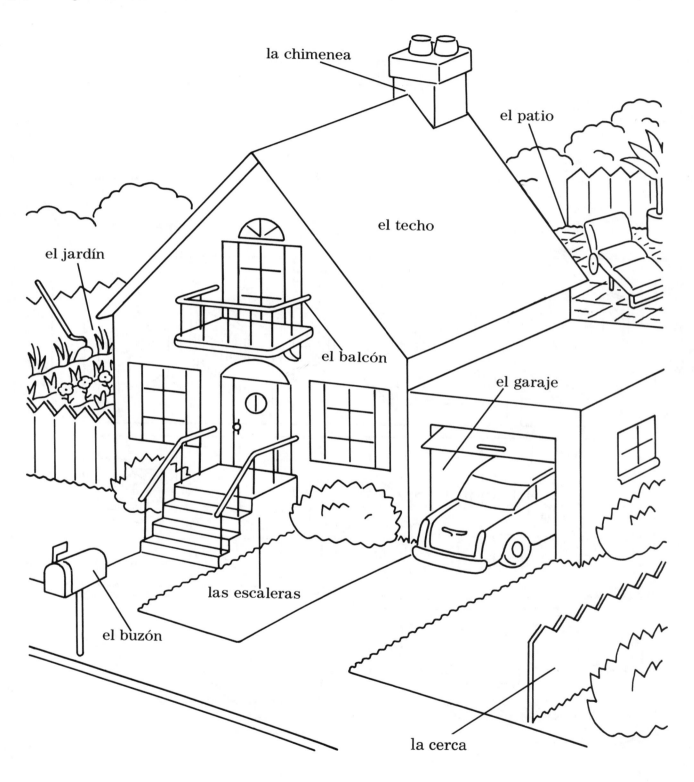

la chimenea

el patio

el techo

el jardín

el balcón

el garaje

las escaleras

el buzón

la cerca

¿Qué hay dentro de la casa?

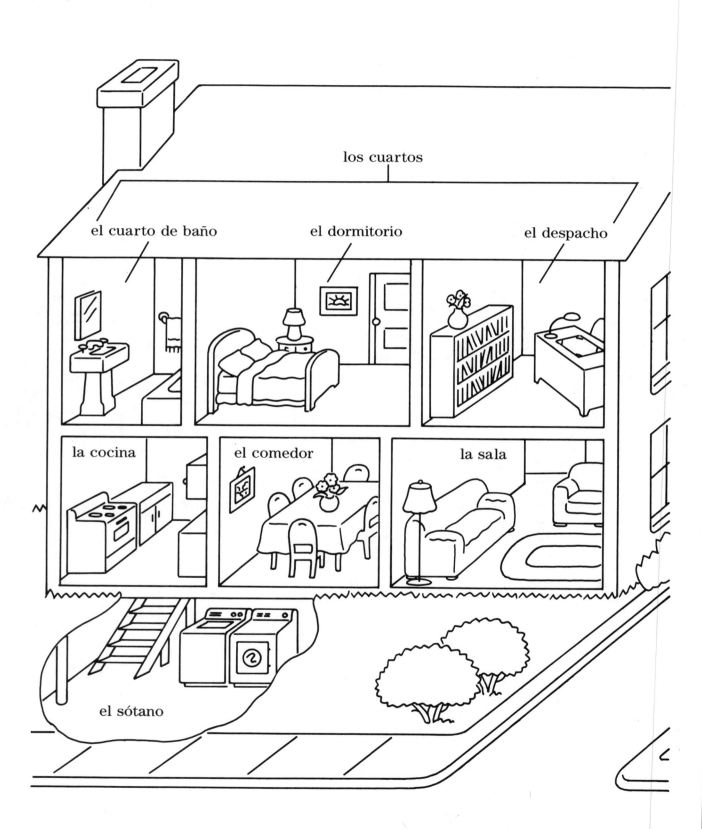

los cuartos

el cuarto de baño   el dormitorio   el despacho

la cocina   el comedor   la sala

el sótano

¿Qué hay en la sala?

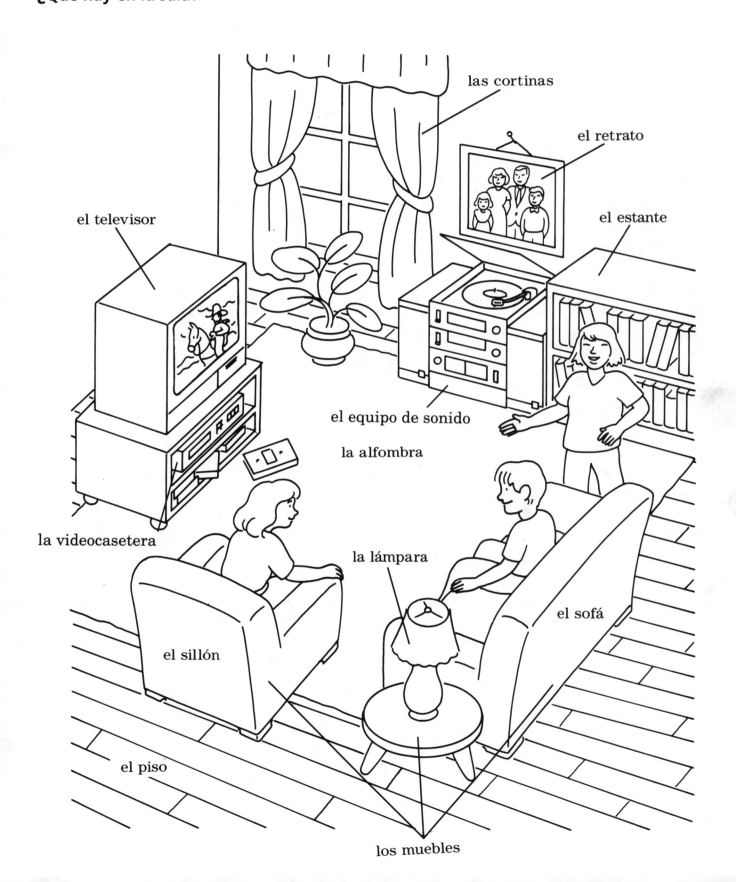

las cortinas

el retrato

el televisor

el estante

el equipo de sonido

la alfombra

la videocasetera

la lámpara

el sofá

el sillón

el piso

los muebles

¿Qué hay en tu dormitorio?

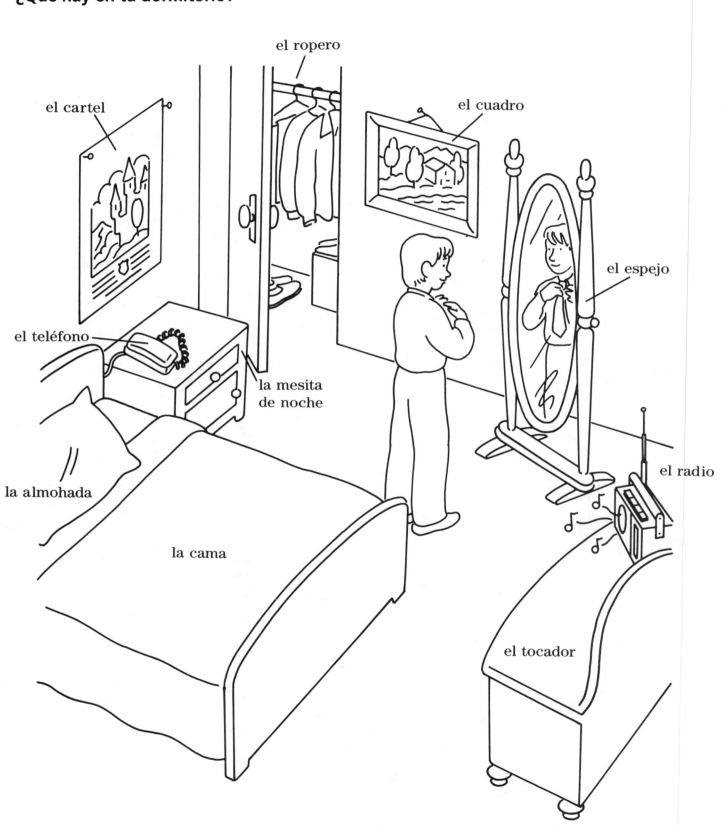

¿Qué usas en la cocina?

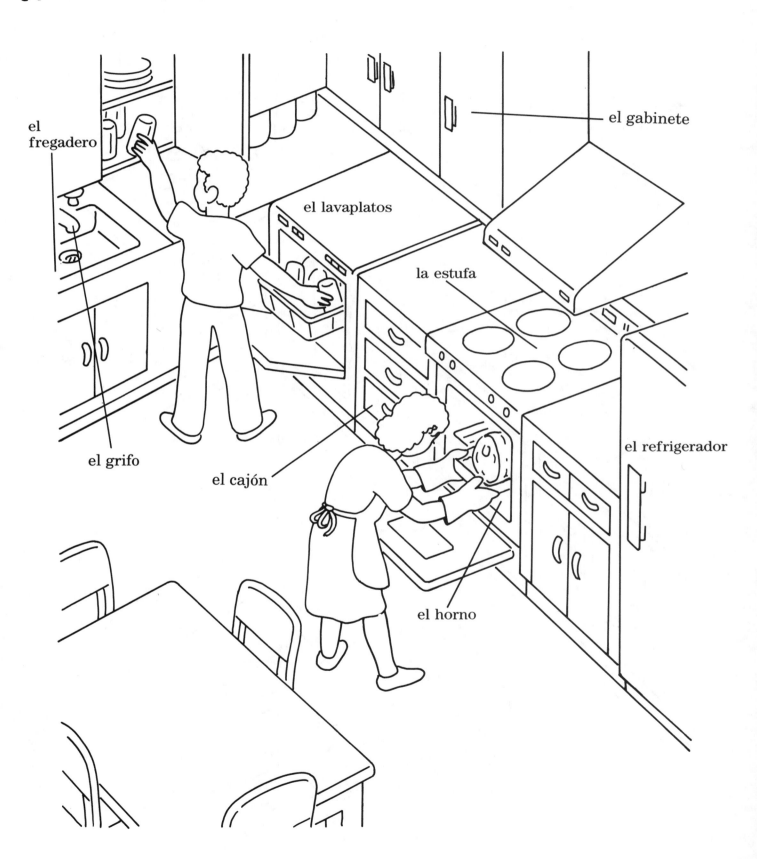

el fregadero

el gabinete

el lavaplatos

la estufa

el refrigerador

el grifo

el cajón

el horno

¿Qué más hay en la cocina?

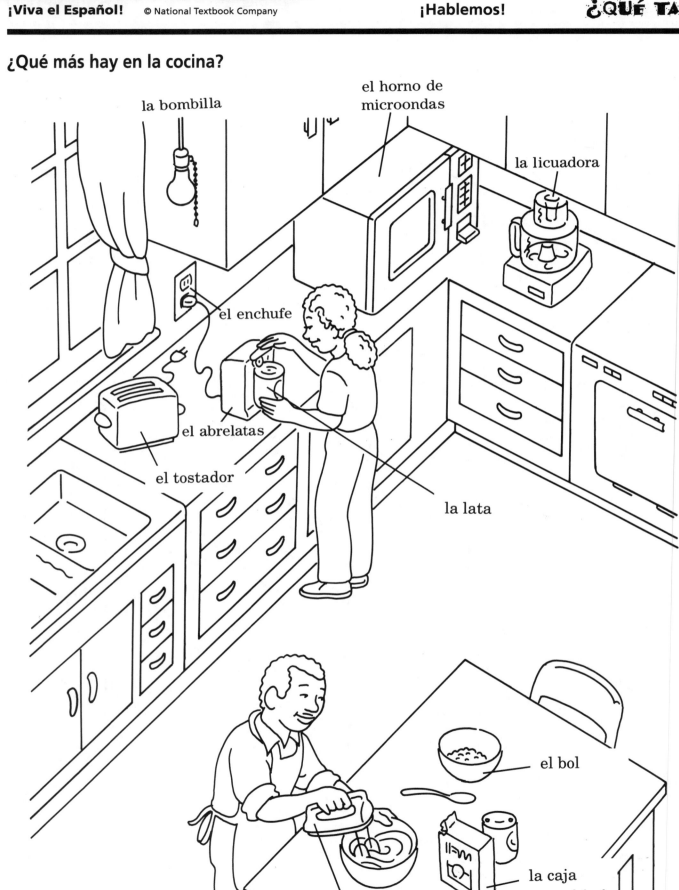

la bombilla

el horno de microondas

la licuadora

el enchufe

el abrelatas

el tostador

la lata

el bol

la batidora eléctrica

la caja

¿Vamos a limpiar la casa?

la escoba

barrer el piso

la aspiradora

pasar la aspiradora

el trapeador

limpiar el piso

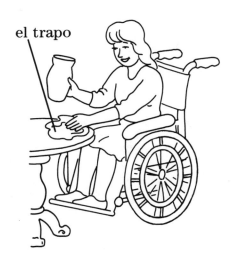

el trapo

quitar el polvo

regar las plantas

sacar la basura

¿Qué haces en la casa?

recoger las cosas

la lavadora

lavar la ropa

la secadora

secar la ropa

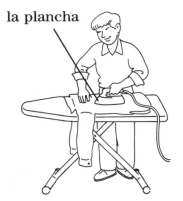

la plancha

planchar la ropa

colgar la ropa

Está sucio.

Está limpio.

¡Viva el Español!   © National Textbook Company

¡Hablemos!

¿Qué hay sobre la mesa?

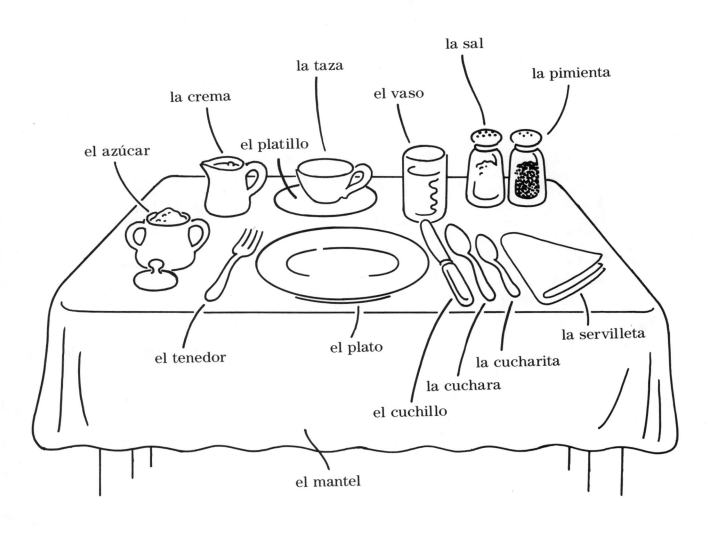

la sal

la taza

la pimienta

la crema

el vaso

el azúcar

el platillo

el tenedor

el plato

la servilleta

la cucharita

la cuchara

el cuchillo

el mantel

¿Te gustan las frutas?

   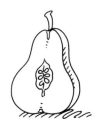

la manzana   la pera

las uvas   las cerezas   las fresas

 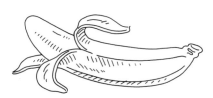 

la piña   el plátano   la sandía

la naranja   el limón

¿Qué comes en el desayuno?

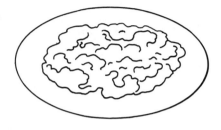

los huevos fritos

los huevos revueltos

los huevos pasados
por agua

la toronja

el cereal

la avena

el pan tostado

la margarina

la mermelada

¿Qué quieres beber?

la leche

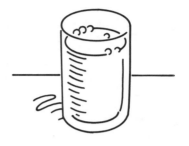

el jugo

el chocolate

el té

el café

tomar

querer

¿Qué quieres para el almuerzo?

el pollo

las papas

la ensalada

el pan

las legumbres

la hamburguesa

el sándwich

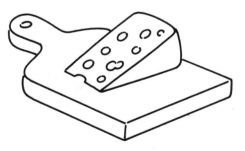

el queso

la gelatina

el helado

¿Qué hay para la cena?

el jamón

el pavo

los espaguetis
con albóndigas

el pescado

la carne

el maíz

los guisantes

la sopa

el arroz

las zanahorias

¿Qué haces por la mañana?

Me despierto.
despertarse

Me levanto.
levantarse

Me cepillos los dientes.
cepillarse

Me lavo.
lavarse

Me seco.
secarse

Me pongo la ropa.
ponerse

Me peino.
peinarse

Me voy a la escuela.
irse

¿Qué haces por la noche?

Vuelvo a la casa.
volver

Me quito la ropa.
quitarse

Me baño.
bañarse

Me acuesto.
acostarse

¿Quién trabaja en la escuela?

la oficina

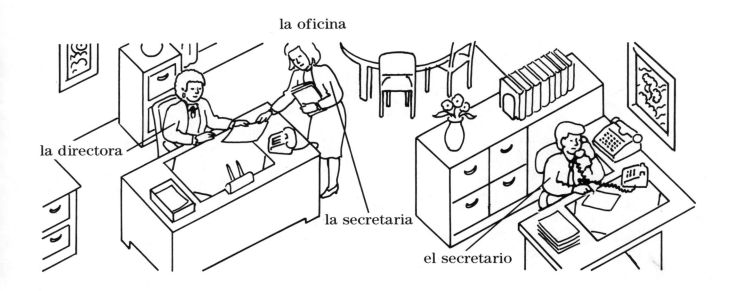

la directora

la secretaria

el secretario

la biblioteca

la bibliotecaria

el bibliotecario

el comedor

la cocinera

el cocinero

la enfermería

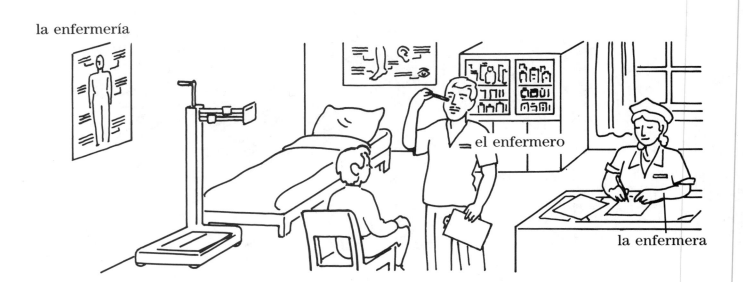

el enfermero

la enfermera

¿Dónde trabajan en la escuela?

el salón de clase

el salón de clase

la maestra

el maestro

el conserje

la conserje   la fuente de agua

el pasillo

el auditorio

la salida / la entrada

subir las escaleras

bajar las escaleras

VOCABULARY CARDS

Vocabulary Cards

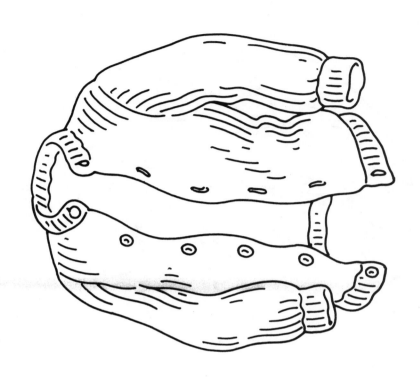

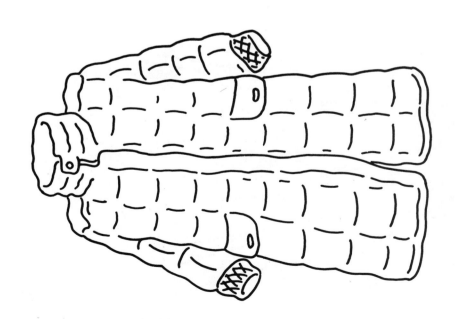

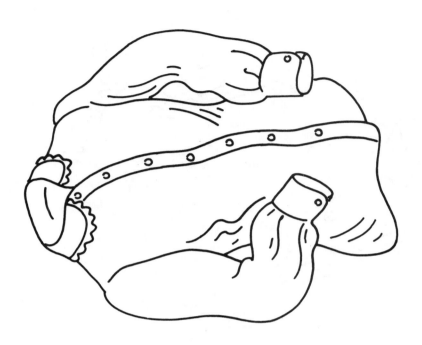

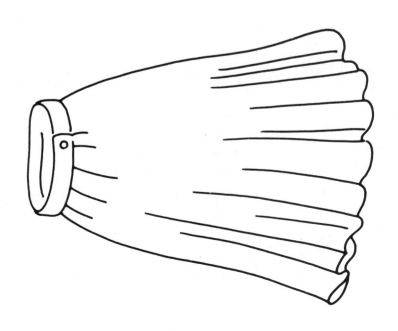

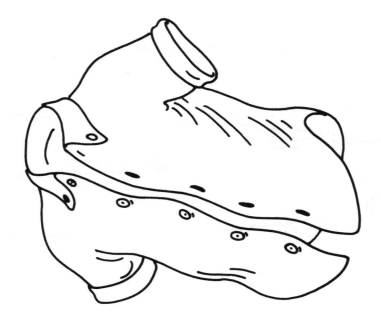

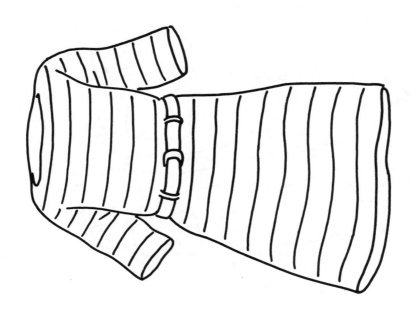

¡**Viva el Español!** © National Textbook Company

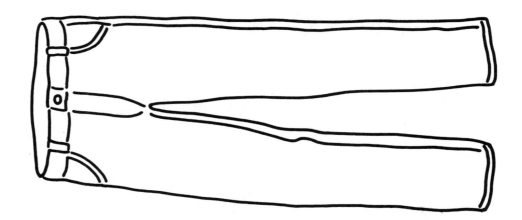

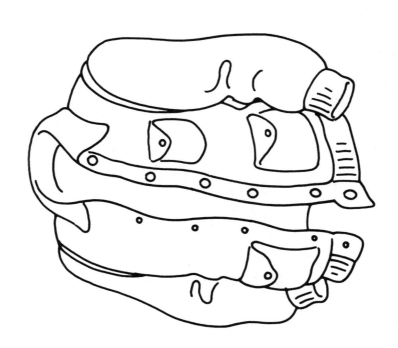

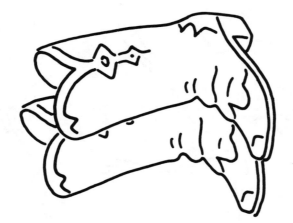

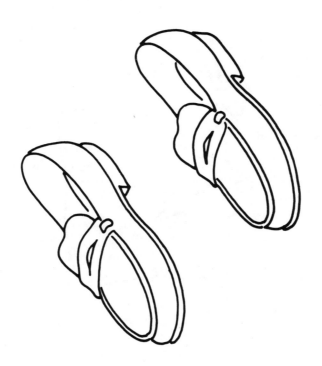

Vocabulary Cards   ¿QUÉ TAL?

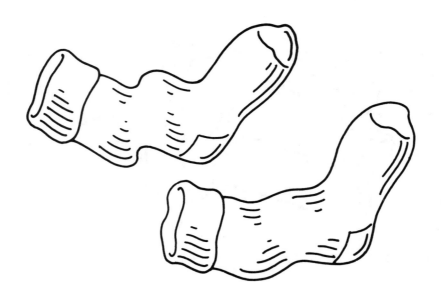

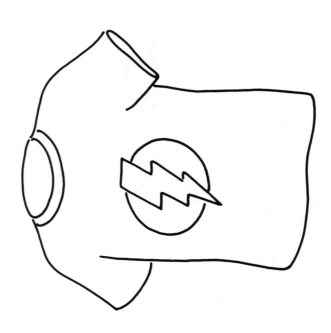

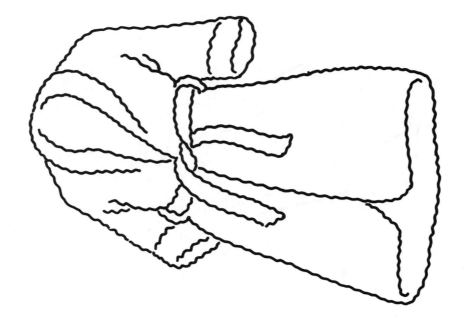

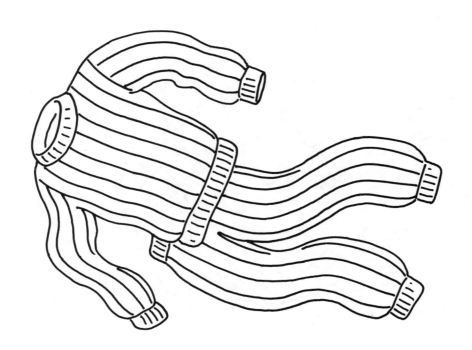

¡Viva el Español! © National Textbook Company

Vocabulary Cards

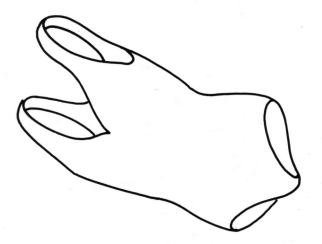

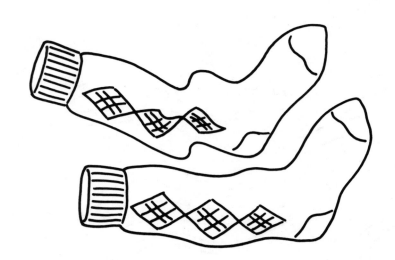

Vocabulary Cards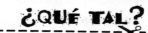

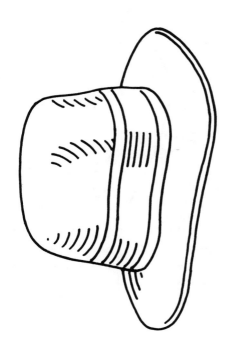

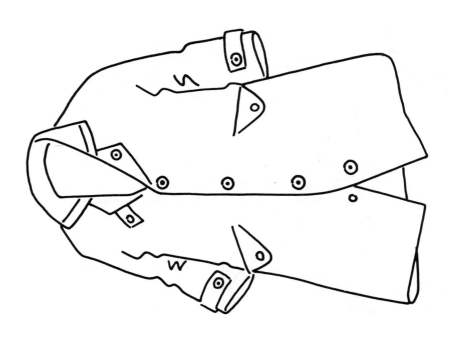

Vocabulary Cards

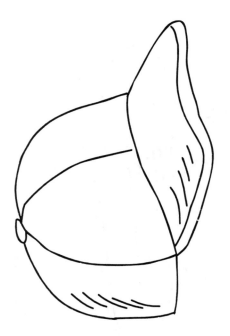

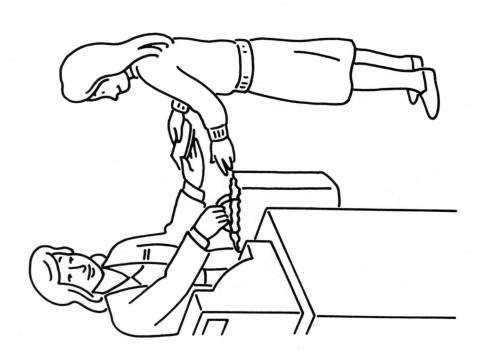

Vocabulary Cards

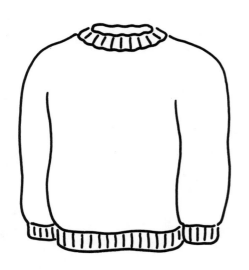

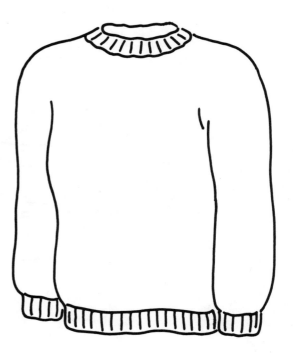

¡Viva el Español!   © National Textbook Company

Vocabulary Cards

¿QUÉ TAL?

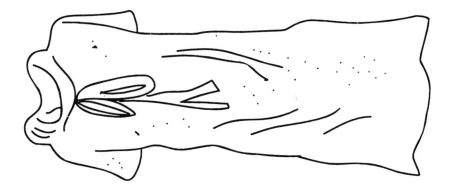

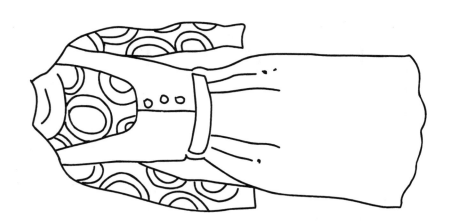

¡Viva el Español!   © National Textbook Company

Vocabulary Cards

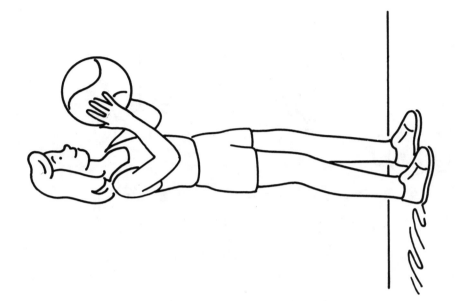

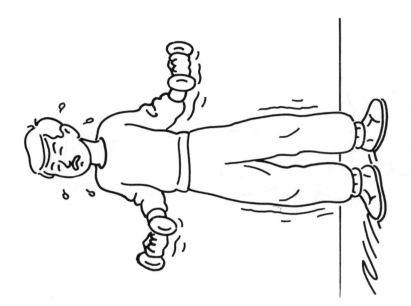

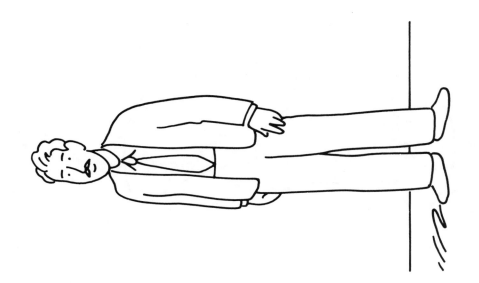

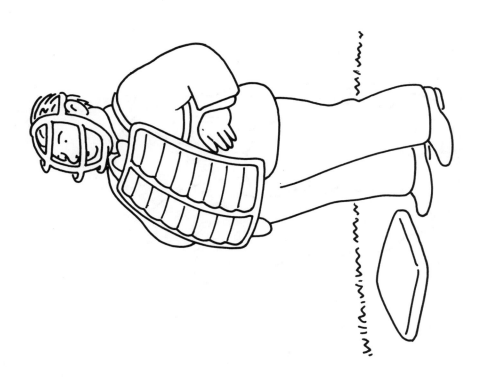

Vocabulary Cards

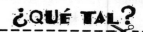

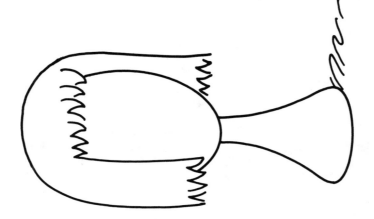

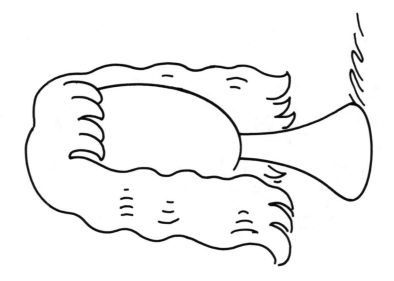

Vocabulary Cards

¿QUÉ TAL?

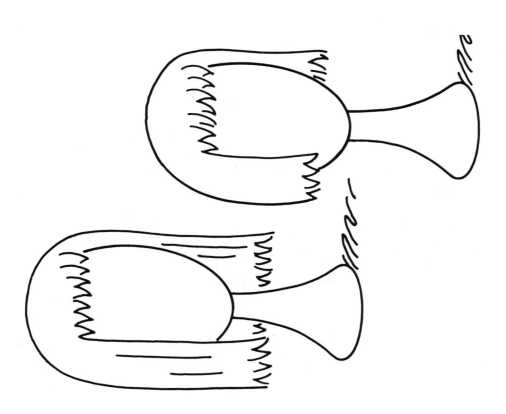

¡Viva el Español!   © National Textbook Company

Vocabulary Cards

¿QUÉ TAL?

Vocabulary Cards

¿QUÉ TAL?

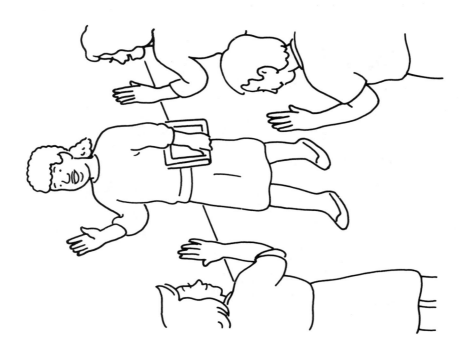

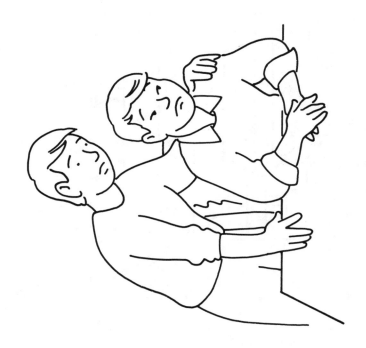

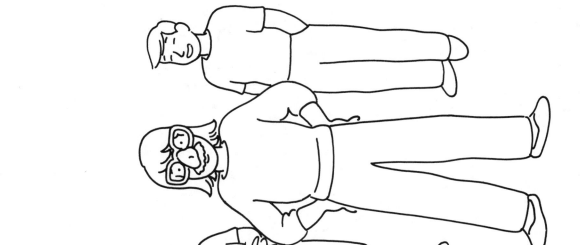

Vocabulary Cards

¿QUÉ TAL?

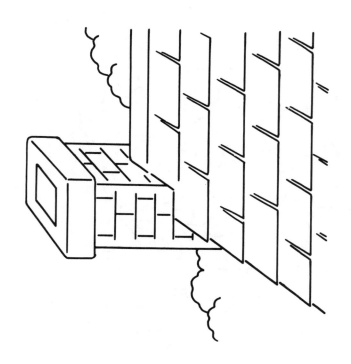

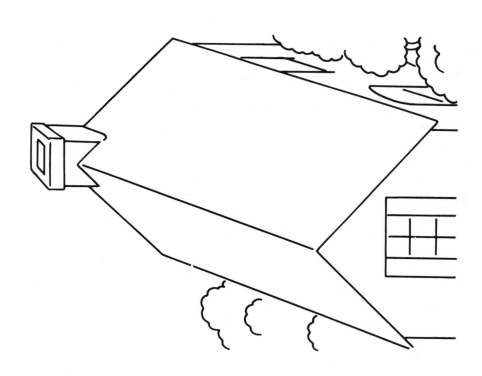

Vocabulary Cards

¿QUÉ TAL?

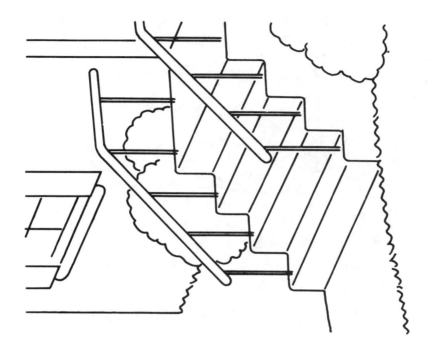

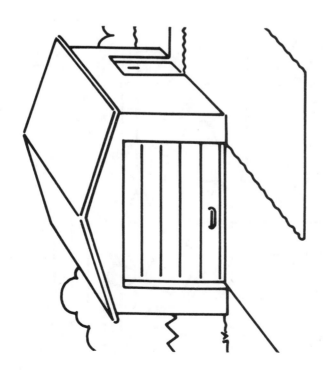

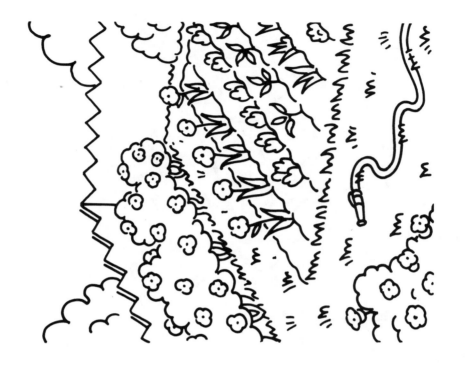

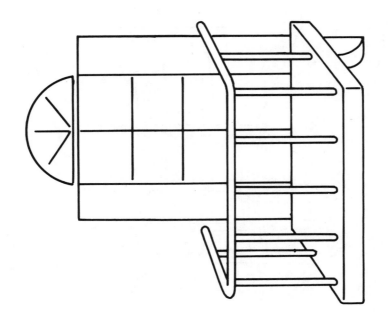

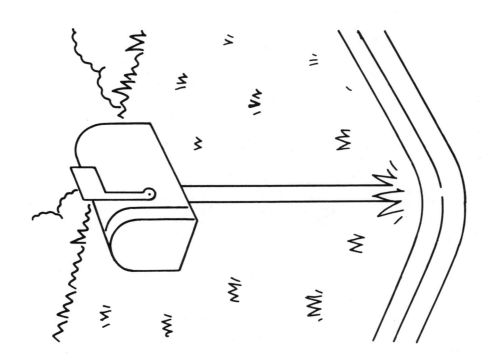

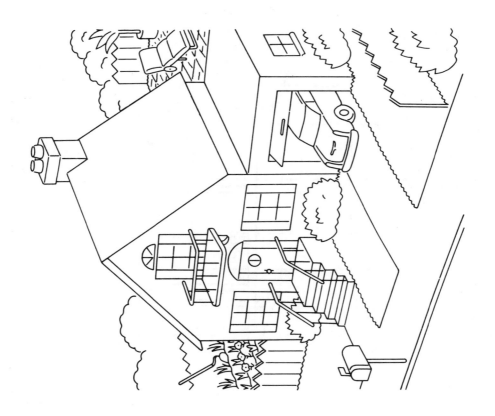

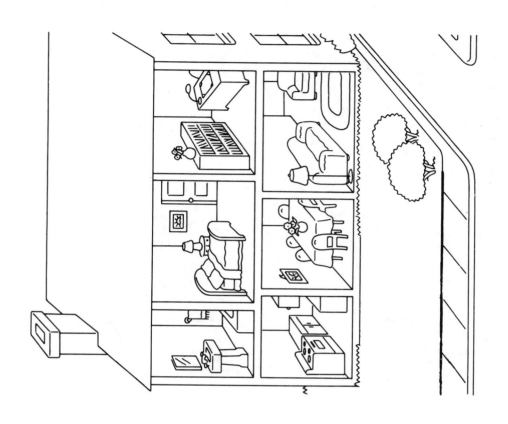

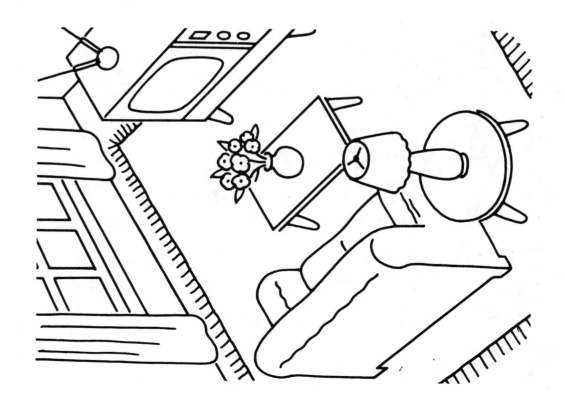

Vocabulary Cards

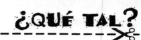

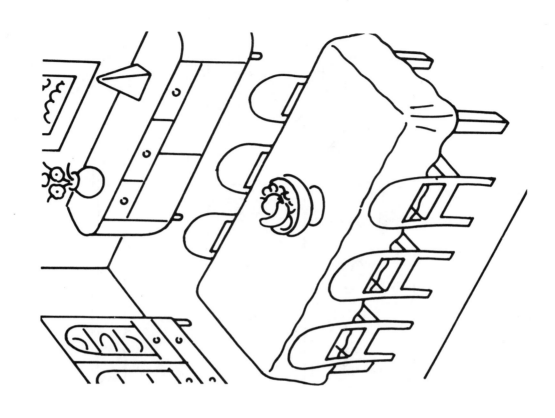

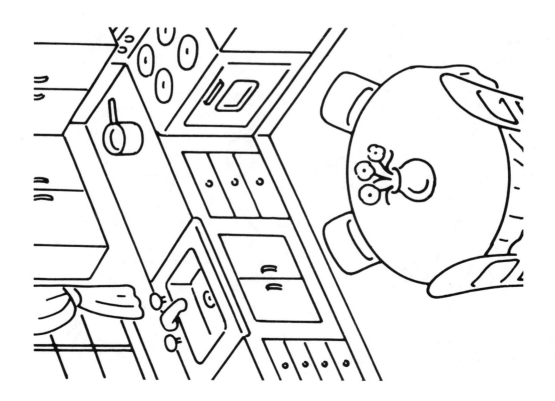

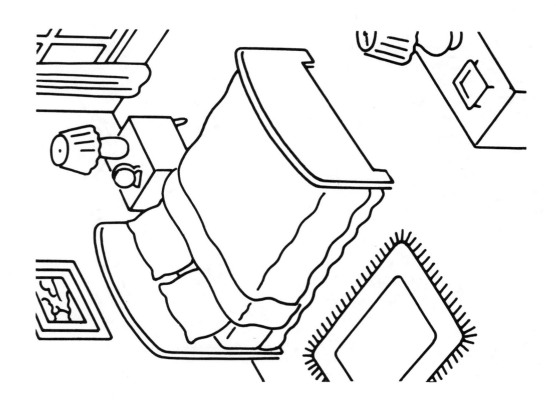

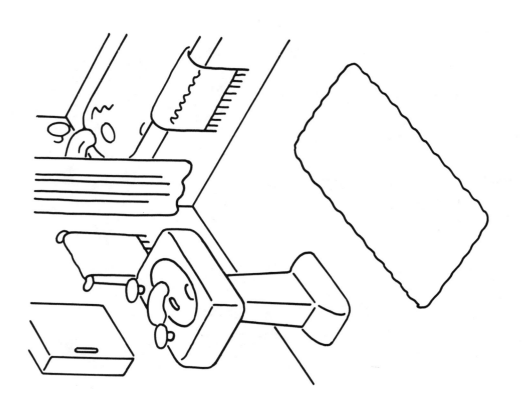

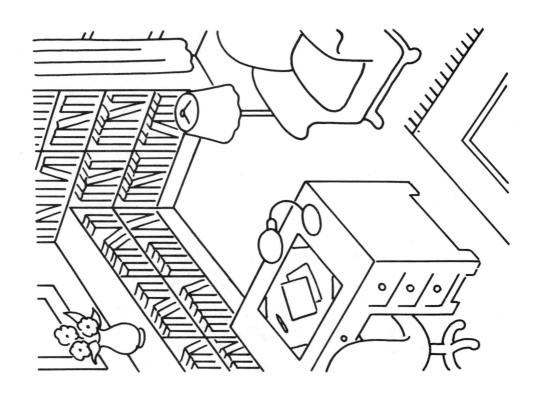

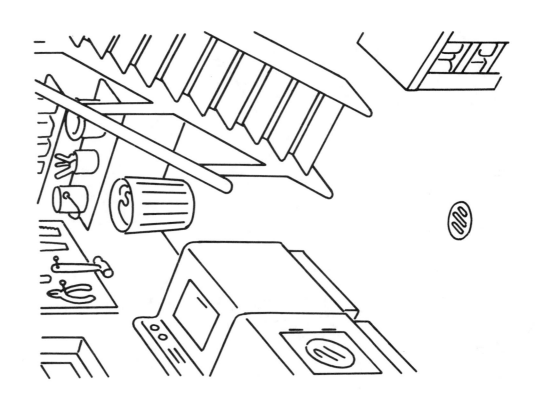

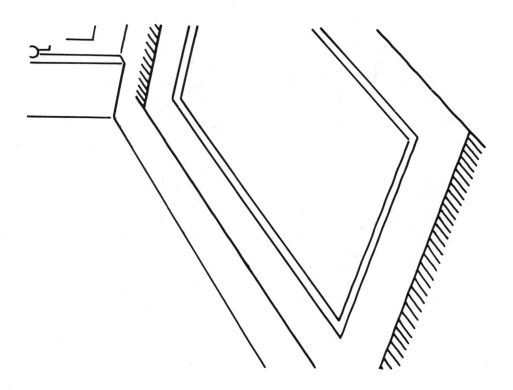

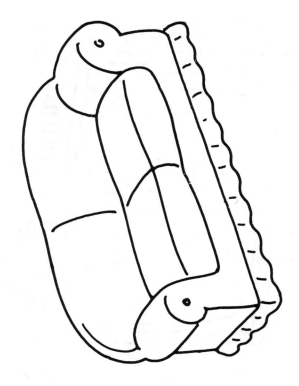

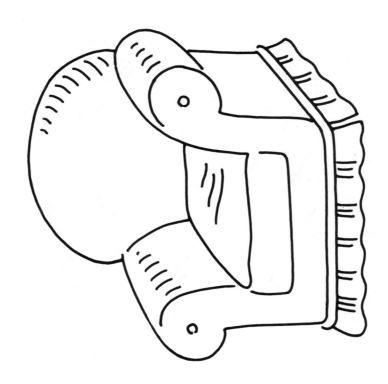

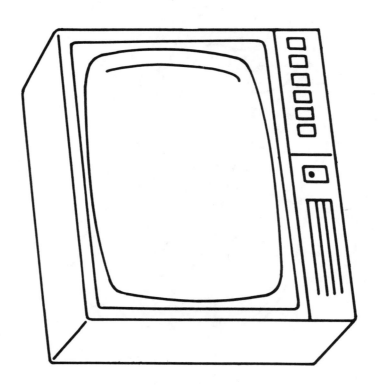

Vocabulary Cards

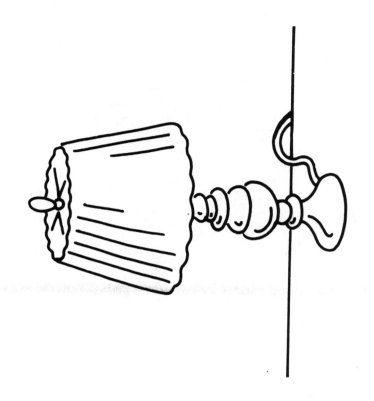

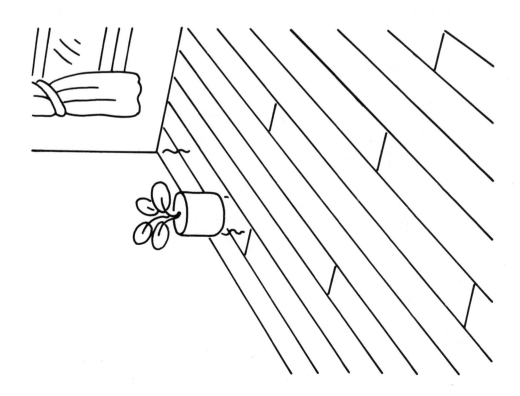

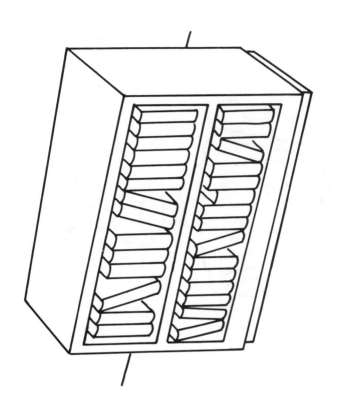

Vocabulary Cards

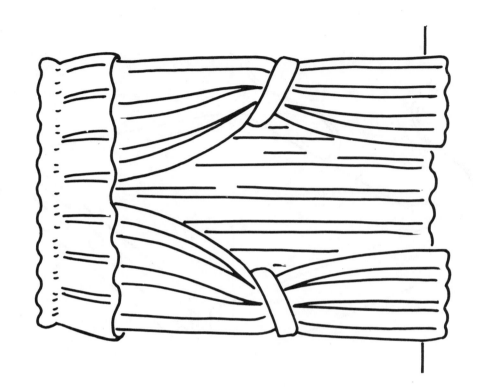

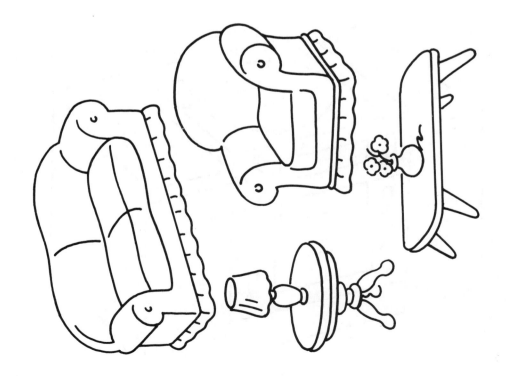

Vocabulary Cards

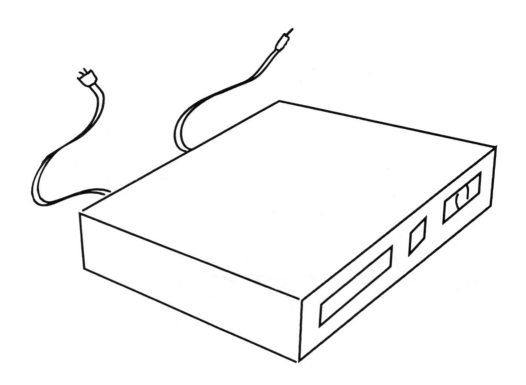

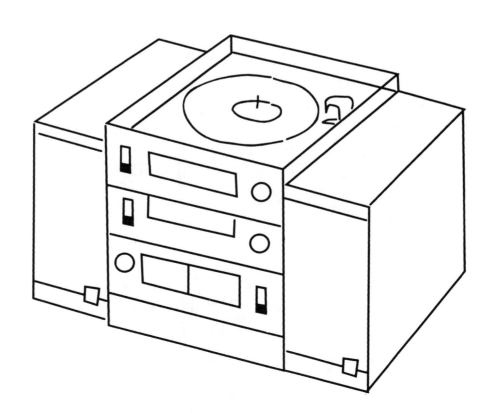

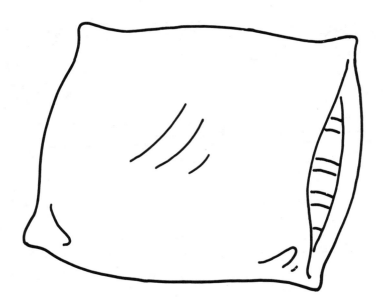

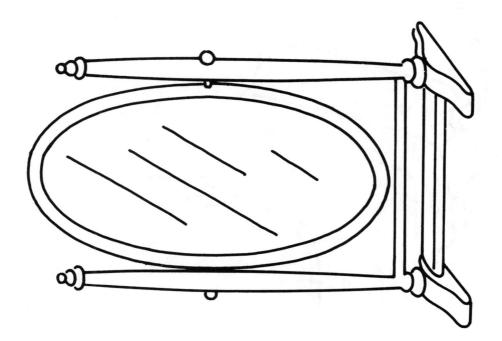

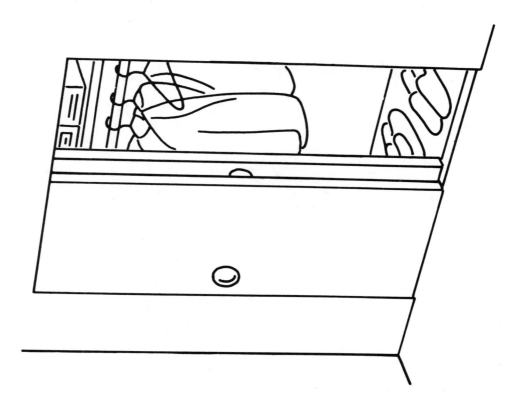

¡Viva el Español!   © National Textbook Company

Vocabulary Cards

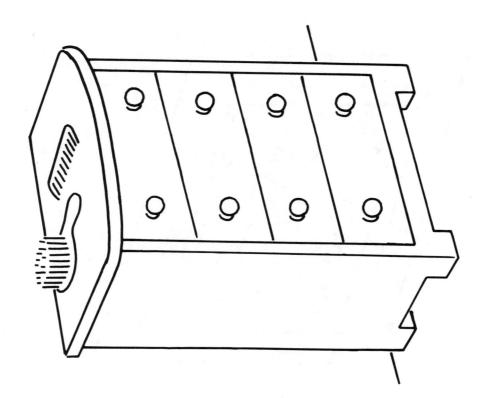

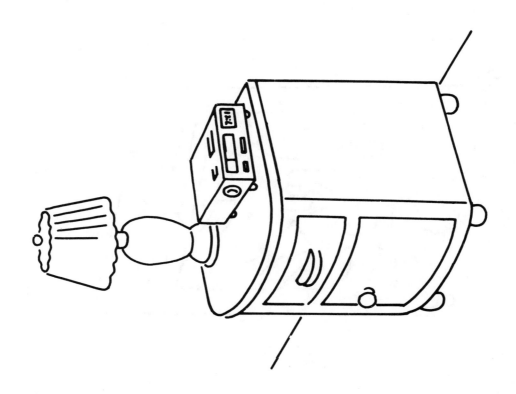

Vocabulary Cards

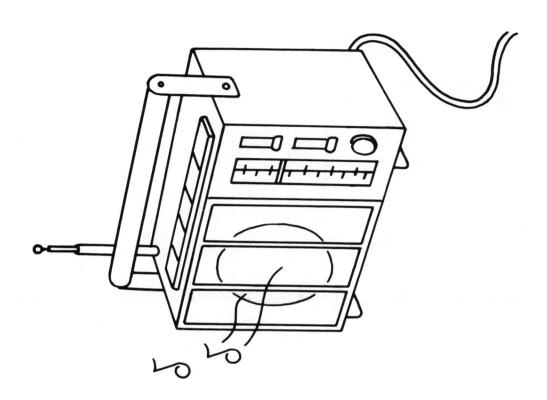

Vocabulary Cards ¿QUÉ TAL?

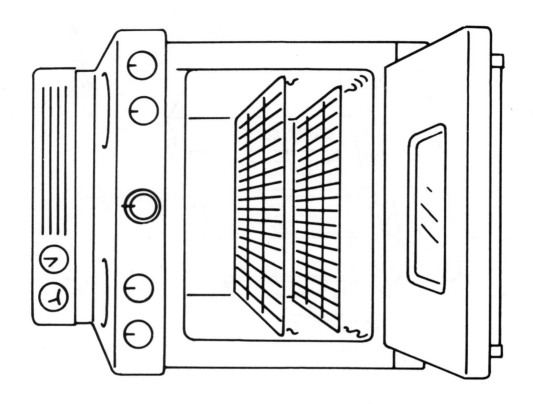

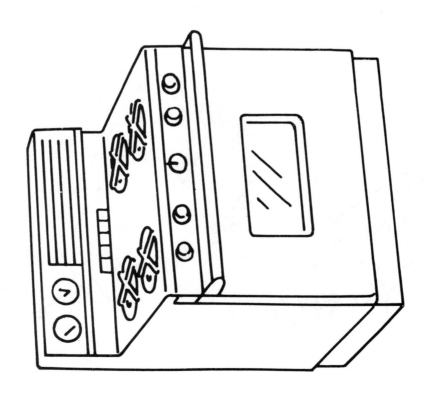

¡Viva el Español!   © National Textbook Company

Vocabulary Cards   **¿QUÉ TAL?**

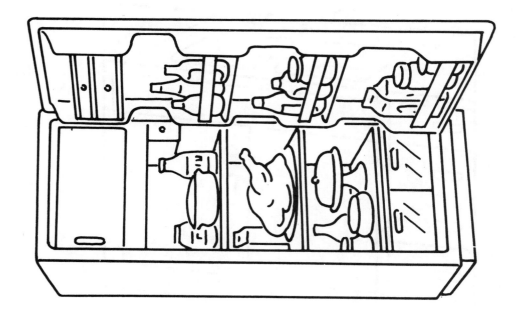

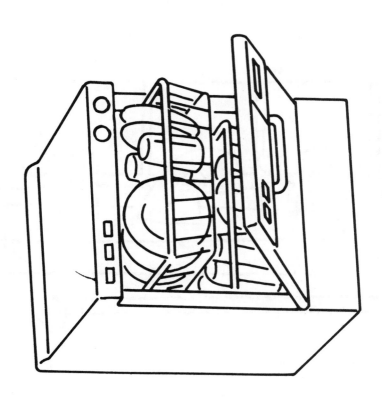

¡Viva el Español!   © National Textbook Company

Vocabulary Cards

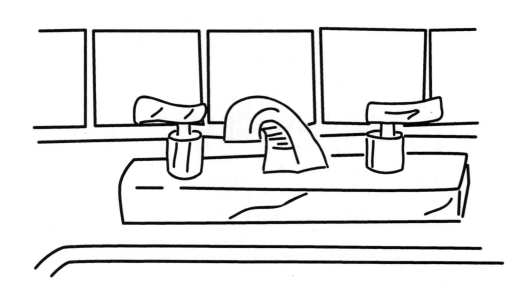

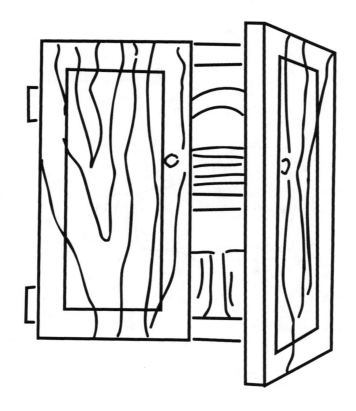

Vocabulary Cards

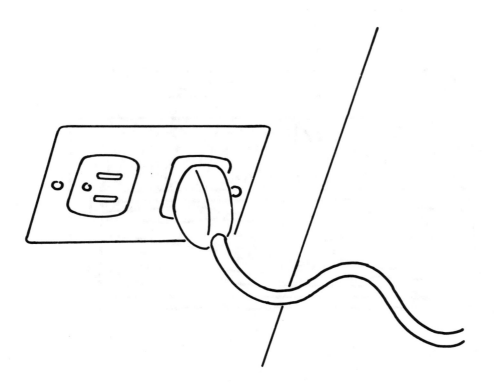

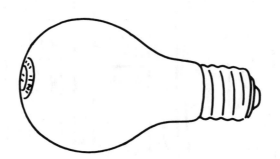

¡Viva el Español!   © National Textbook Company

Vocabulary Cards

¿QUÉ TAL?

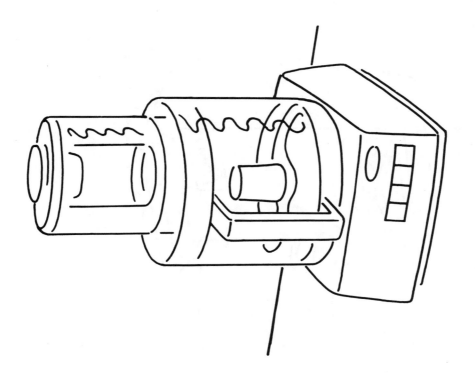

Vocabulary Cards

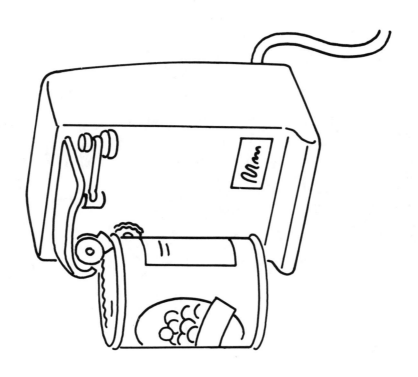

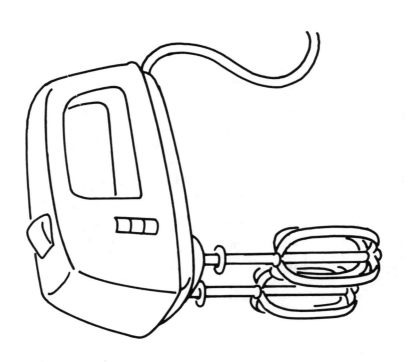

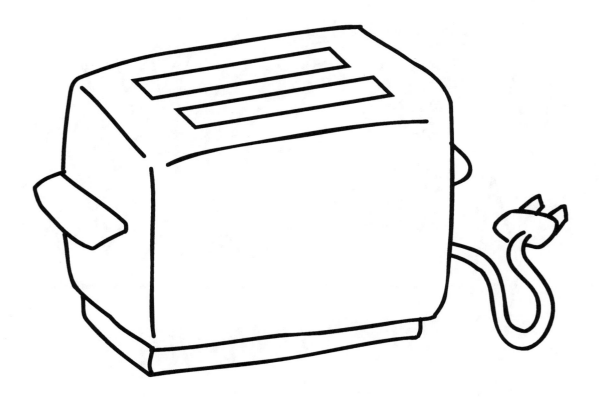

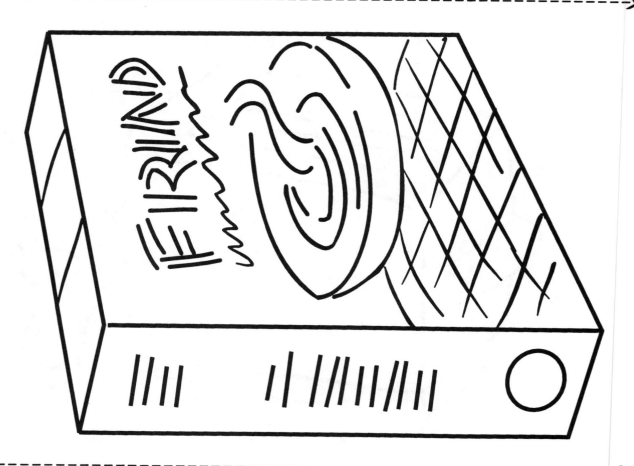

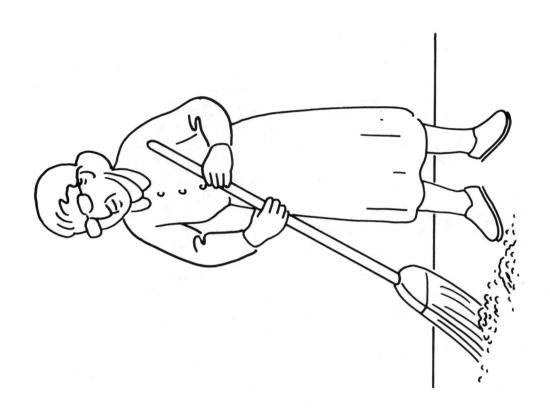

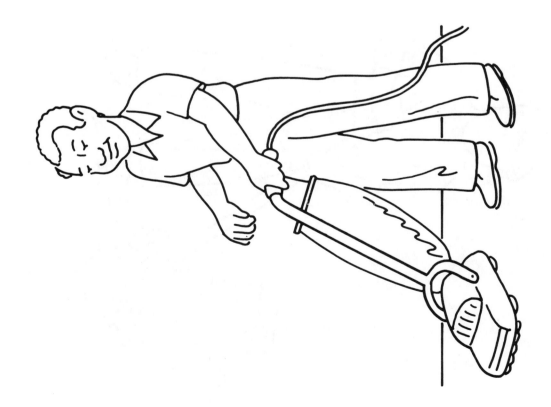

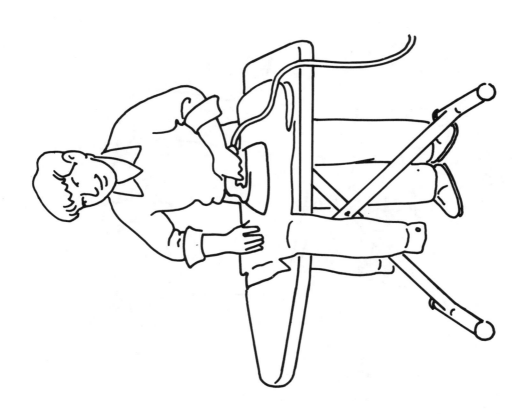

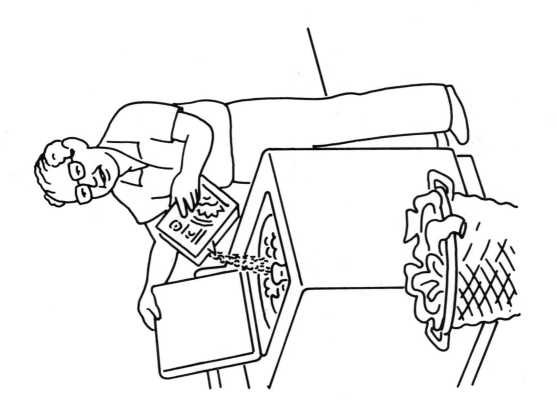

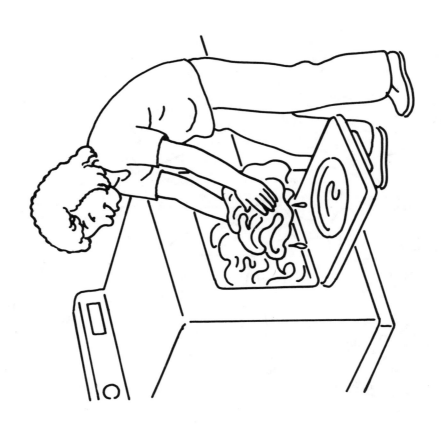

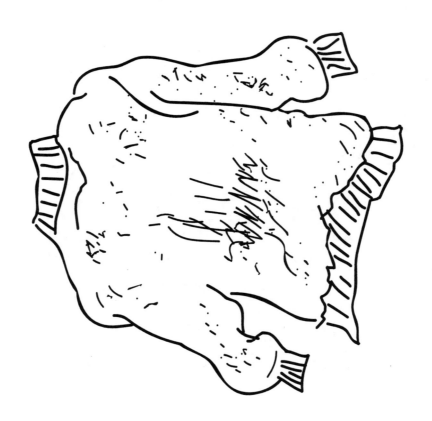

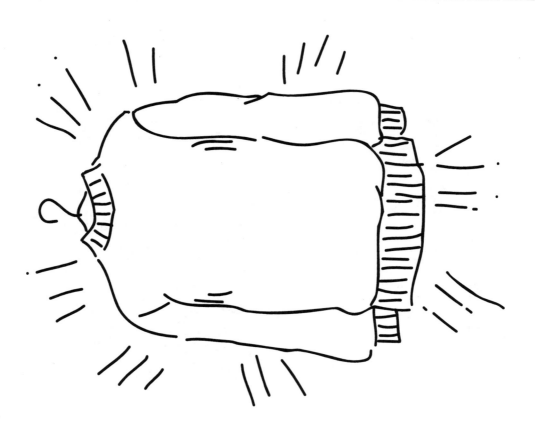

Vocabulary Cards

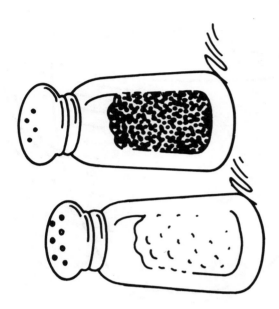

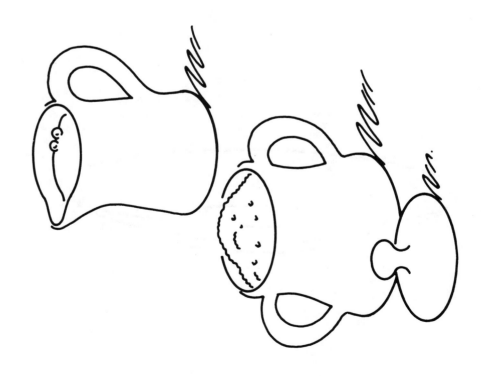

Vocabulary Cards

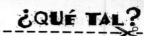

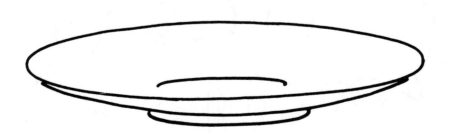

Vocabulary Cards

¿QUÉ TAL?

¡Viva el Español!   © National Textbook Company

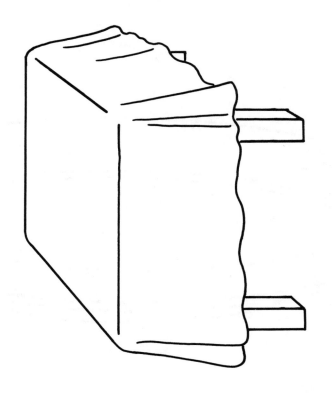

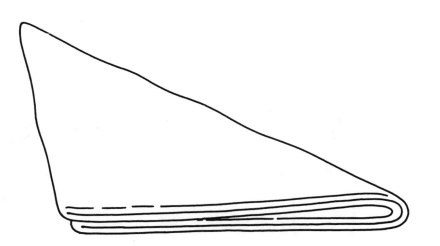

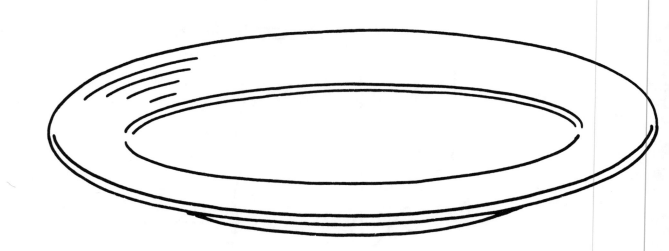

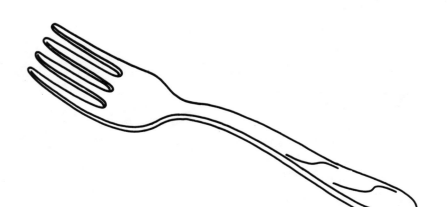

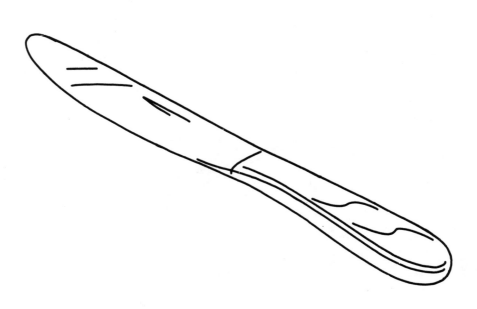

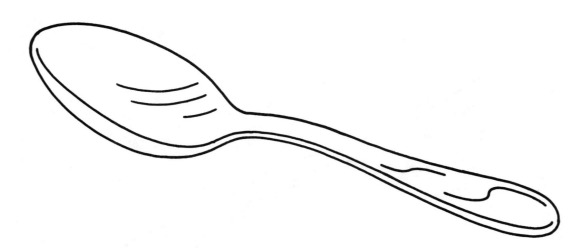

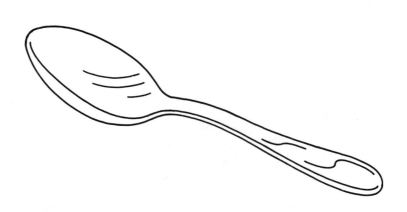

Vocabulary Cards

¿QUÉ TAL?

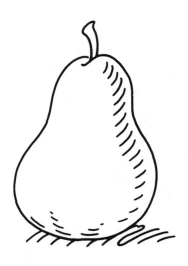 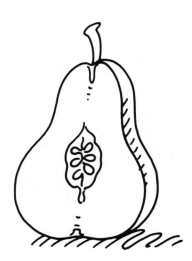

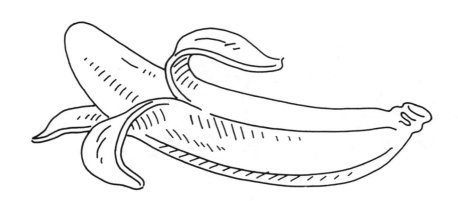

Vocabulary Cards   ¿QUÉ TAL?

Vocabulary Cards

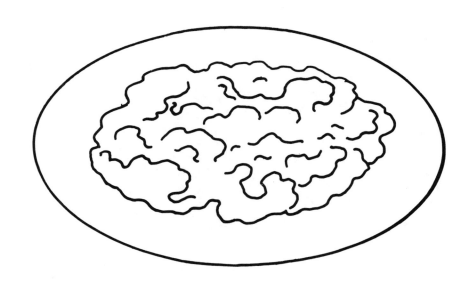

Vocabulary Cards

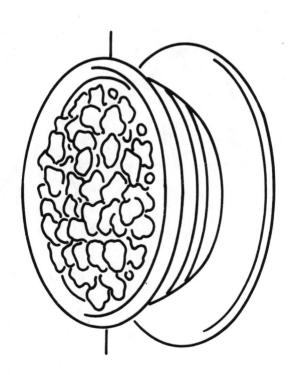

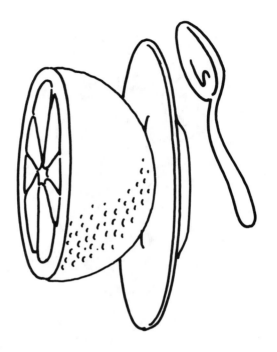

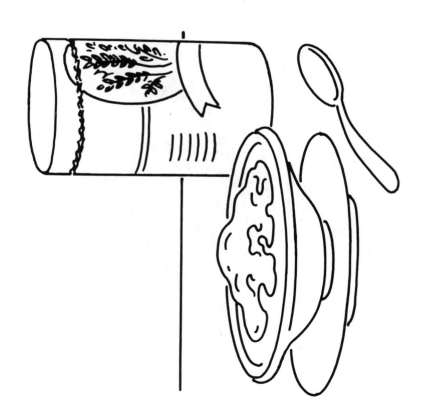

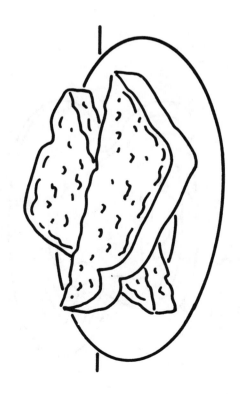

Vocabulary Cards

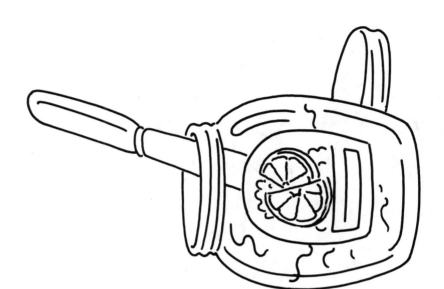

¡Viva el Español! © National Textbook Company

Vocabulary Cards

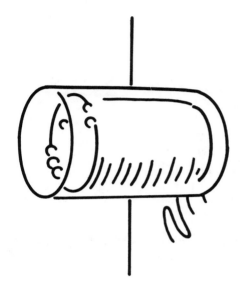

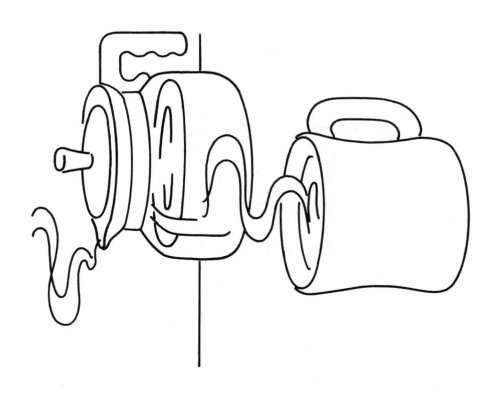

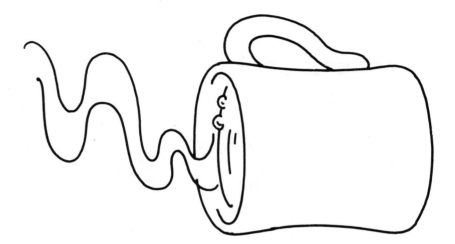

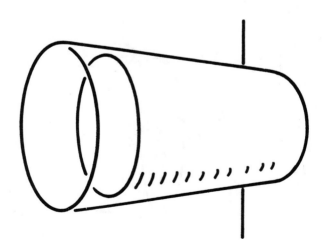

Vocabulary Cards   ¿QUÉ TAL?

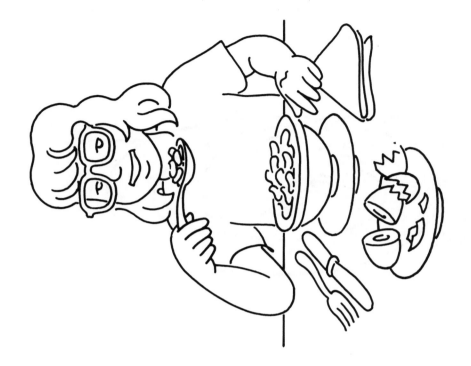

Vocabulary Cards

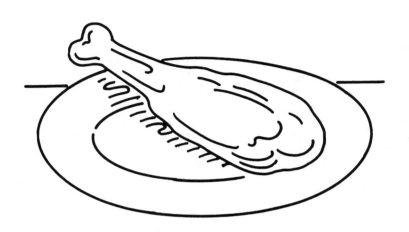

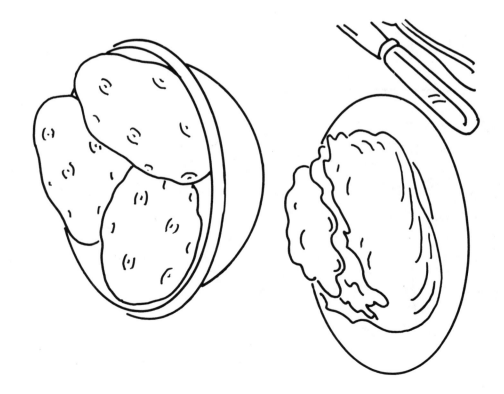

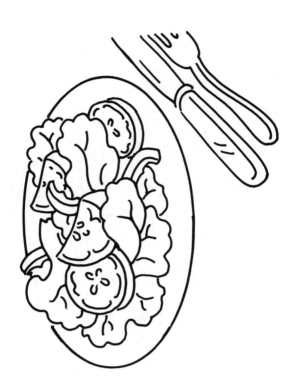

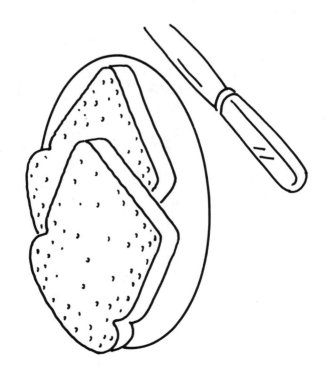

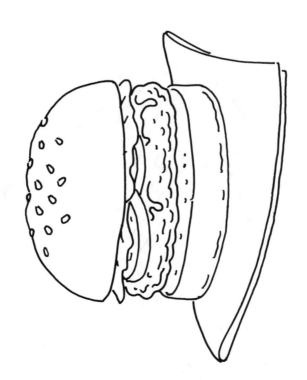

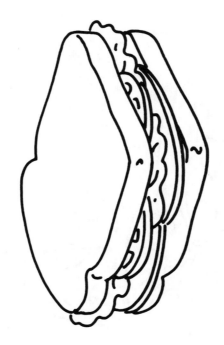

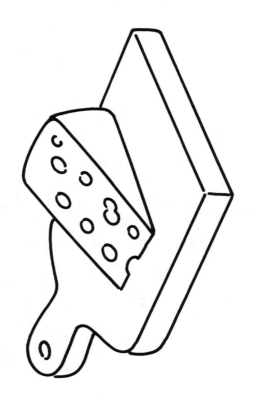

Vocabulary Cards

¿QUÉ TAL?

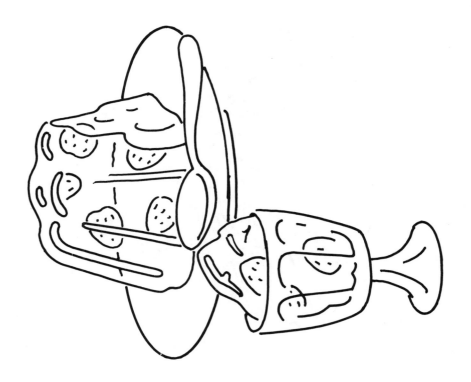

✂

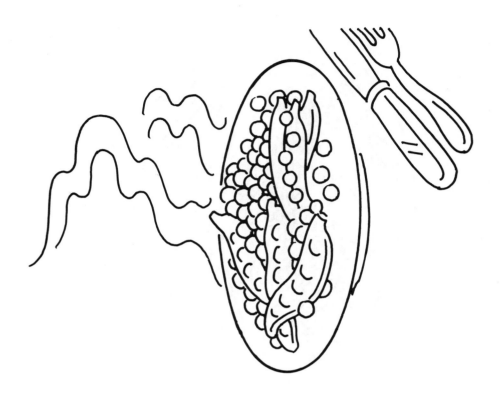

✂

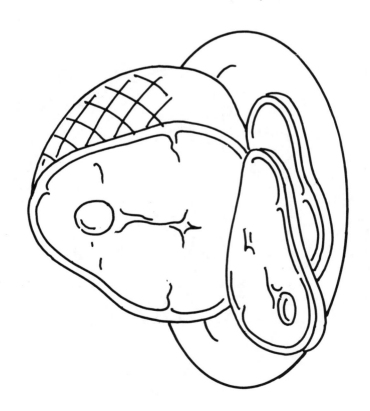

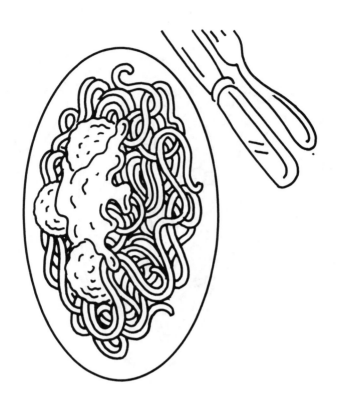

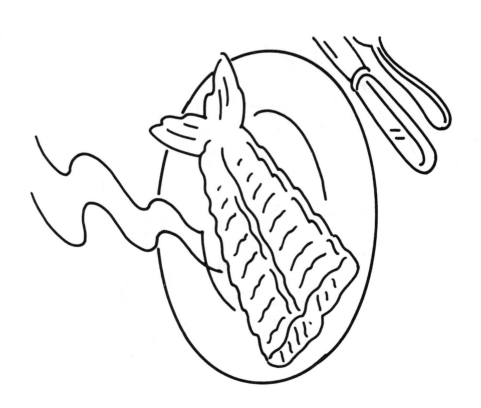

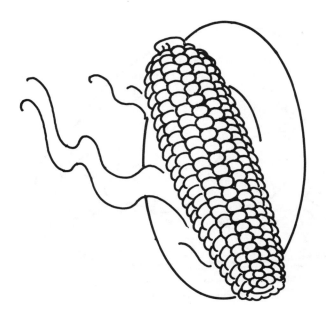

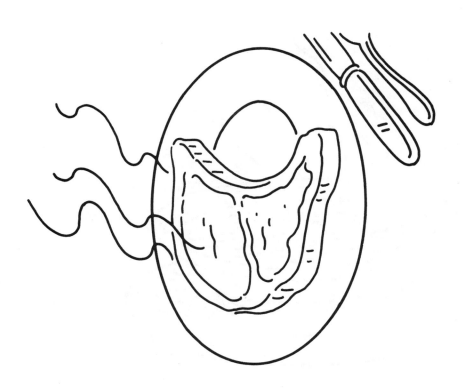

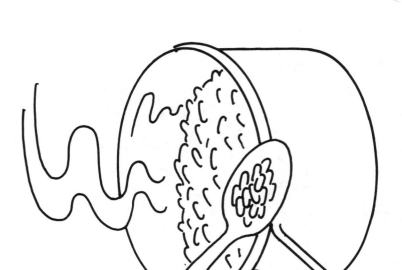

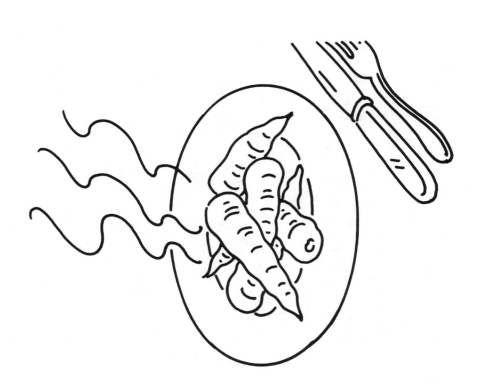

¡**Viva el Español!**   © National Textbook Company

Vocabulary Cards

Vocabulary Cards

¿QUÉ TAL?

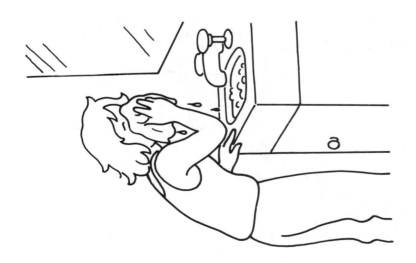

Vocabulary Cards

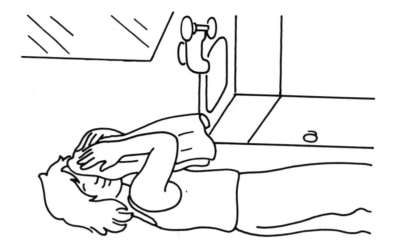

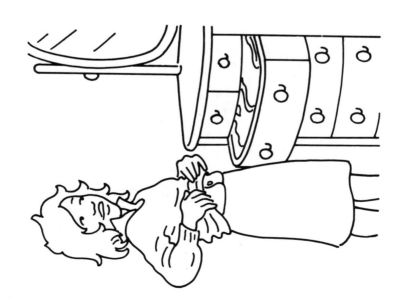

¡Viva el Español!   © National Textbook Company

Vocabulary Cards

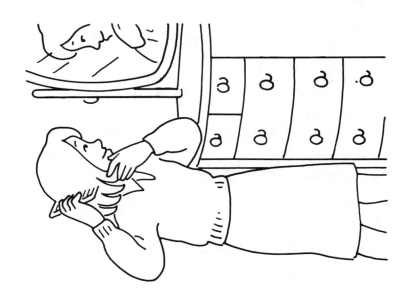

Vocabulary Cards

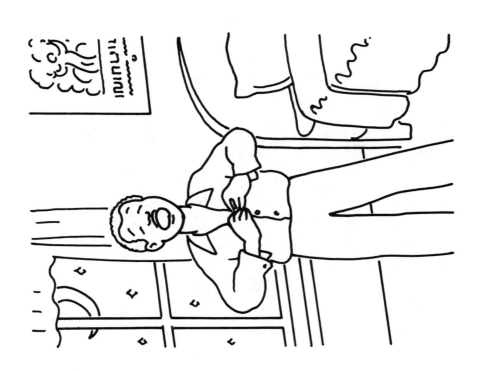

Vocabulary Cards

¡Viva el Español!   © National Textbook Company

Vocabulary Cards

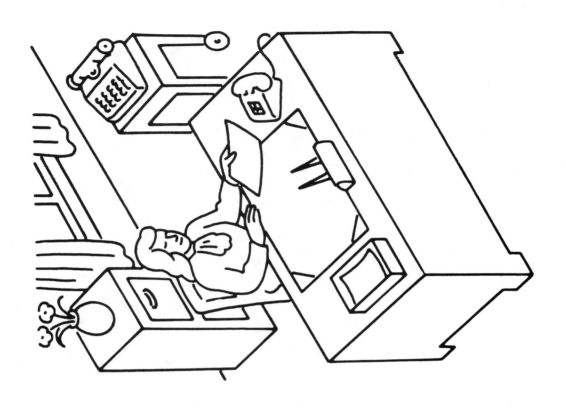

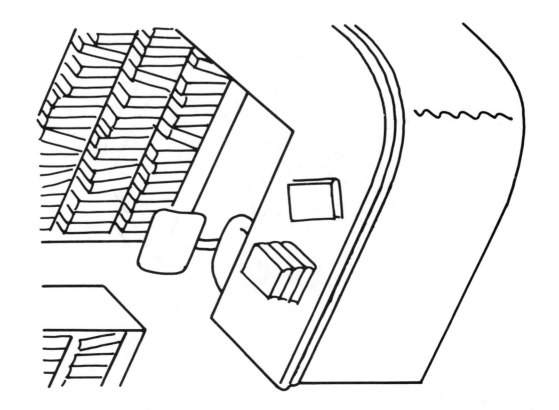

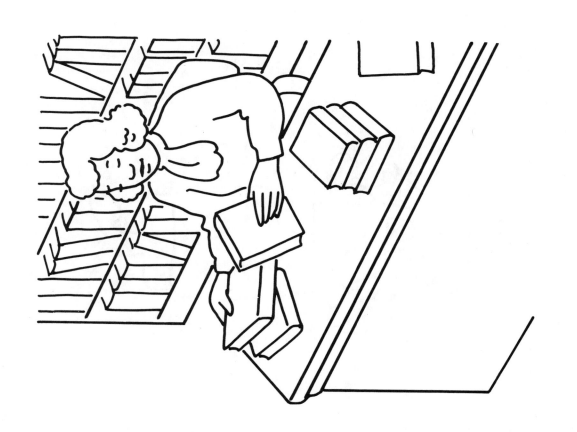

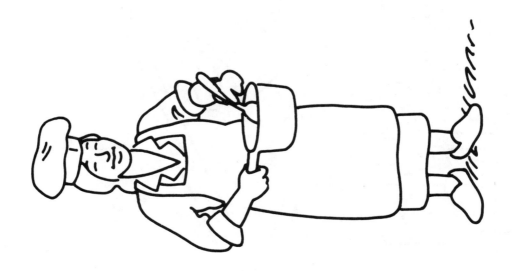

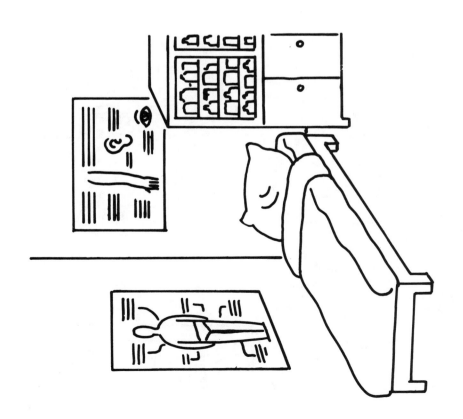

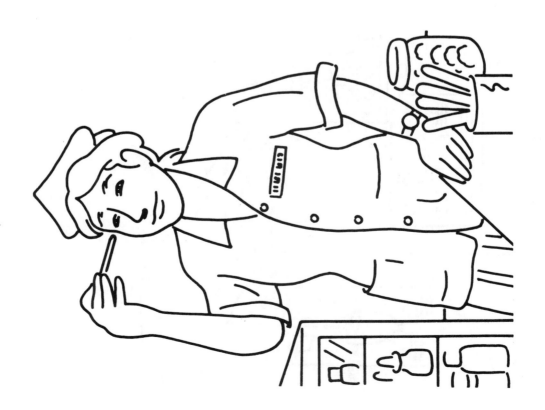

¡Viva el Español!   © National Textbook Company

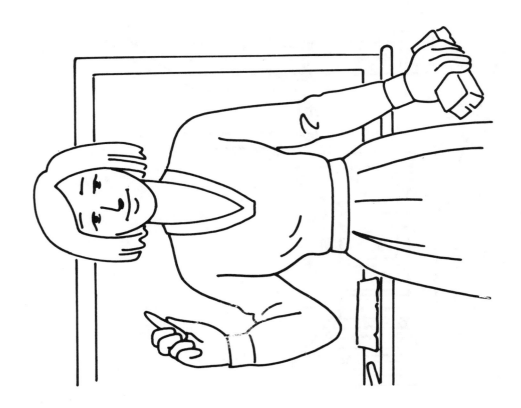

¡Viva el Español!   © National Textbook Company

Vocabulary Cards

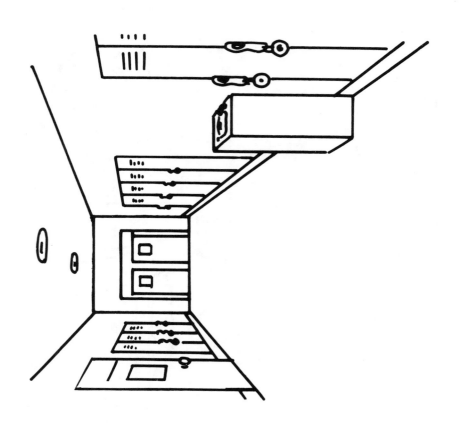

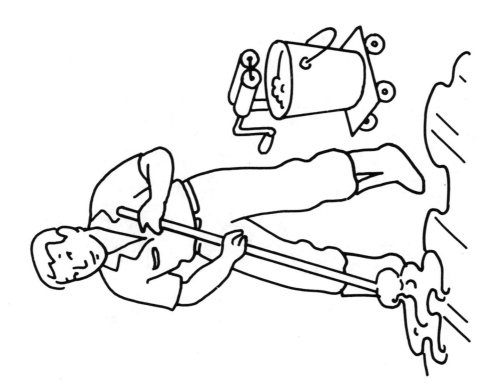

¡Viva el Español!   © National Textbook Company

VOCABULARY REVIEW

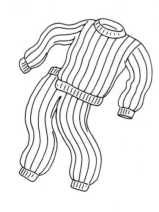

¡Viva el Español!   © National Textbook Company

Vocabulary Review

¡Viva el Español!   © National Textbook Company

Vocabulary Review

¡Viva el Español!   © National Textbook Company

Vocabulary Review   ¿QUÉ TAL?

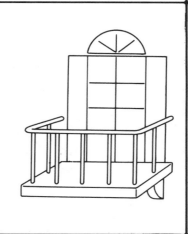

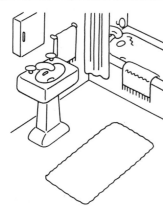

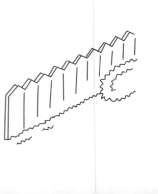

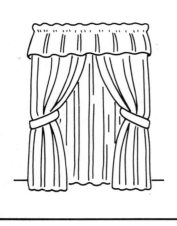

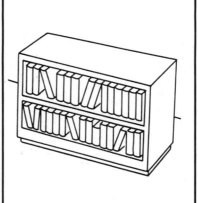

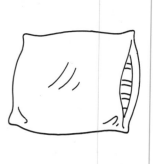

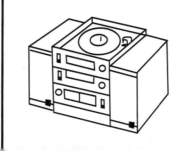
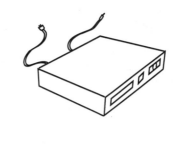

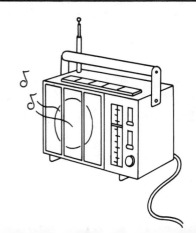

¡Viva el Español!   © National Textbook Company

Vocabulary Review

Vocabulary Review

¿QUÉ TAL?

¡Viva el Español!   © National Textbook Company

Vocabulary Review

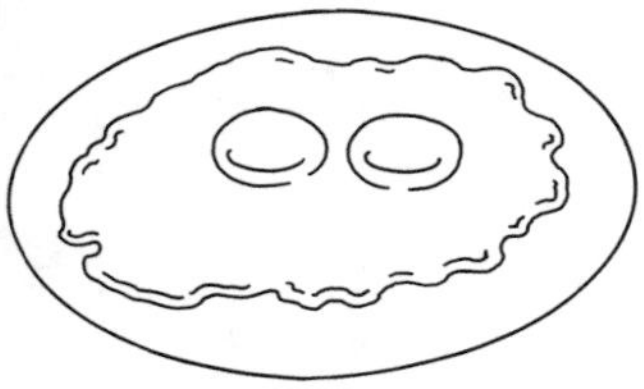
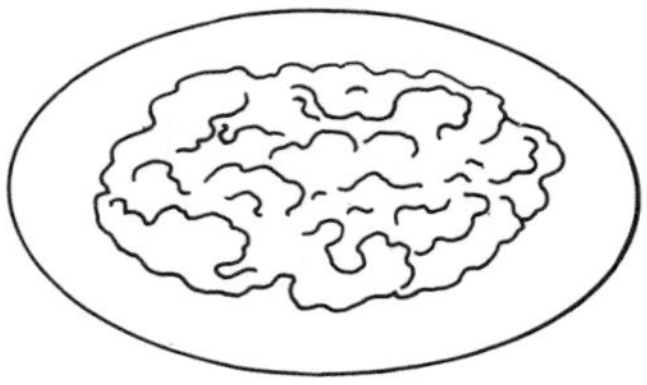
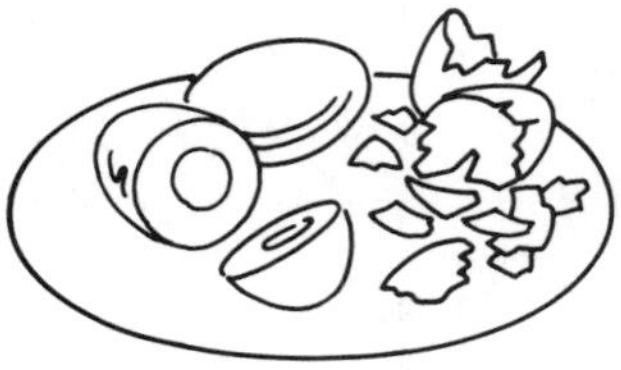
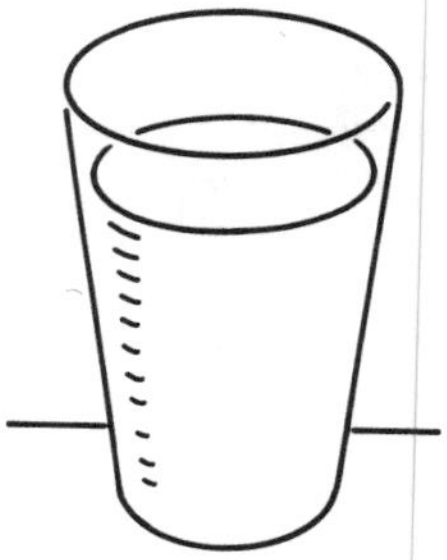
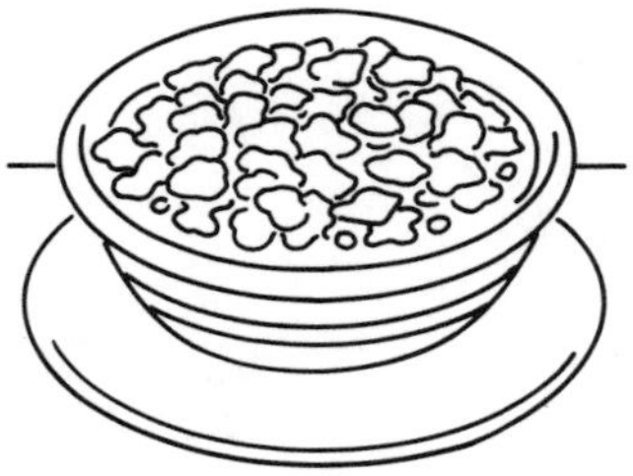
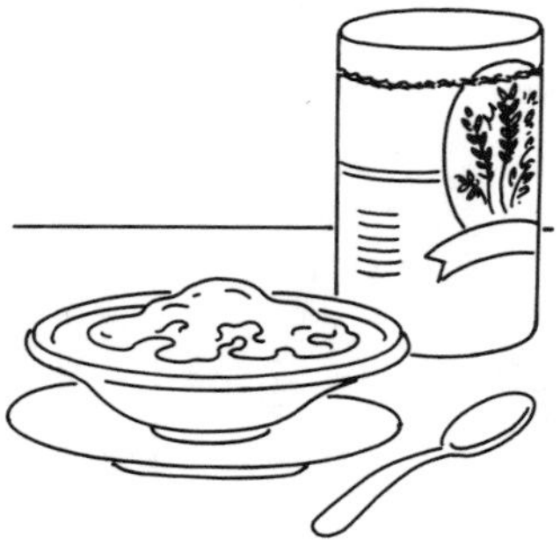
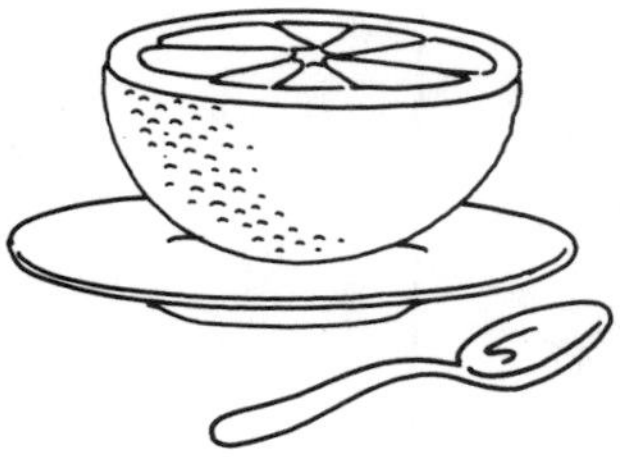
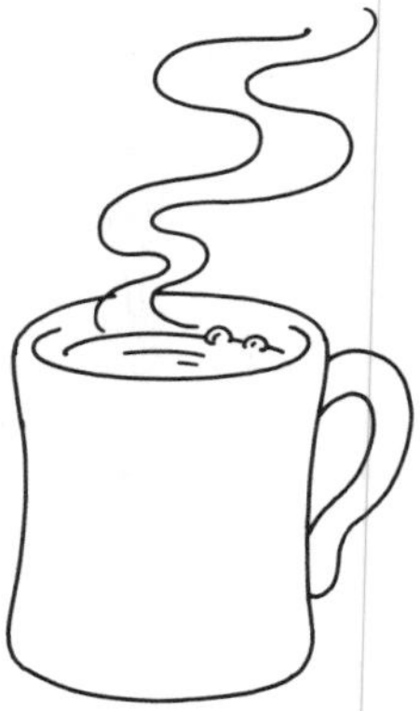
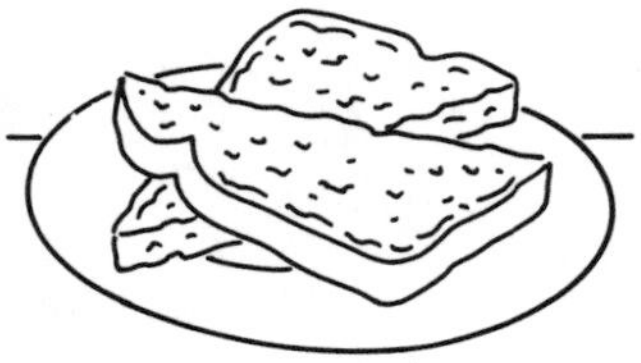
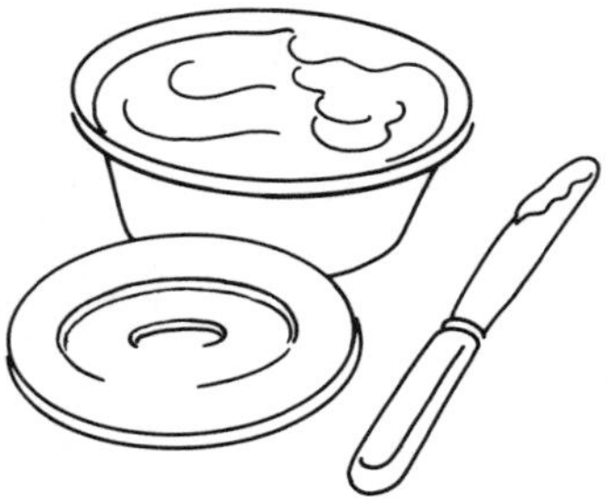
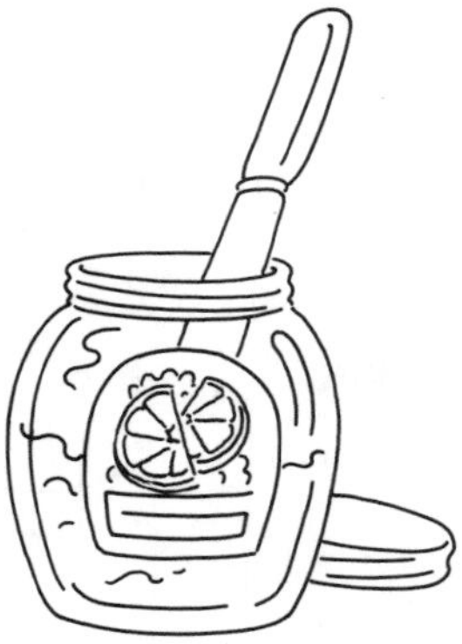
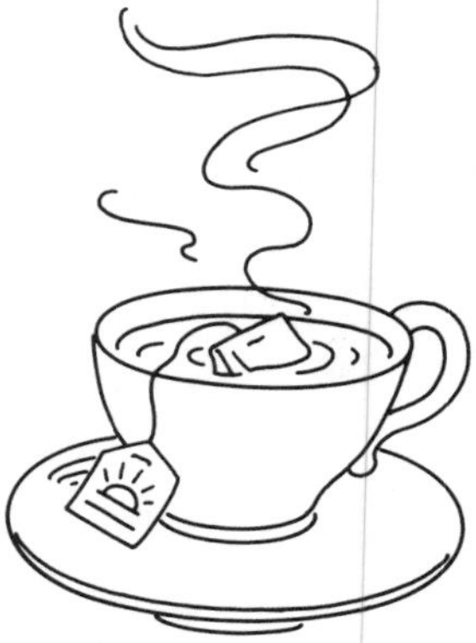
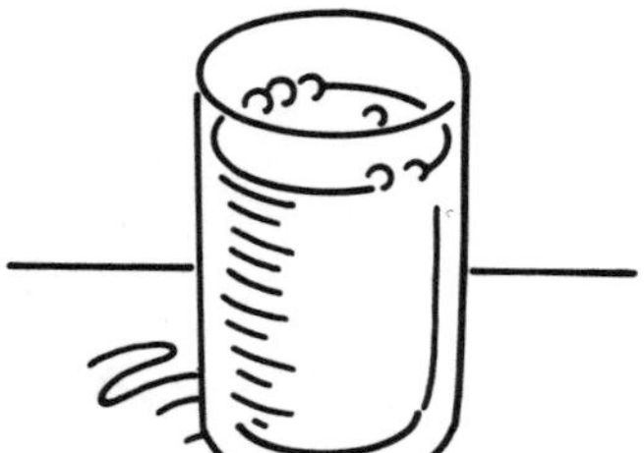
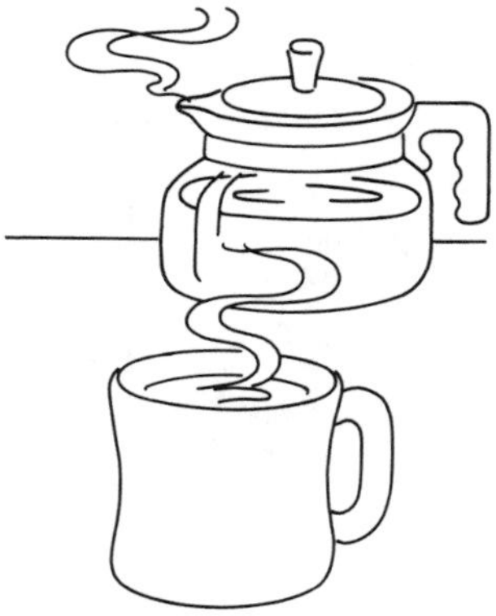
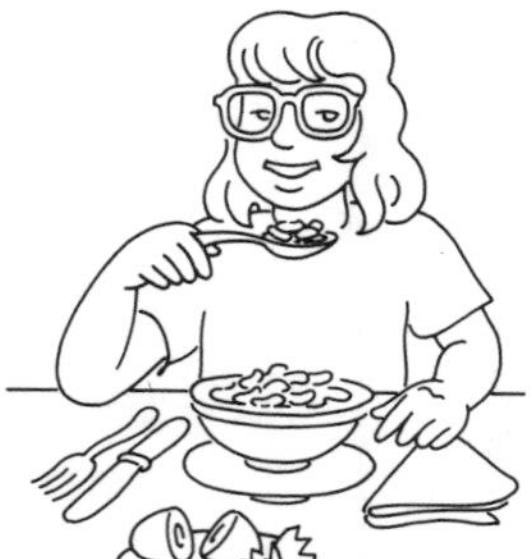
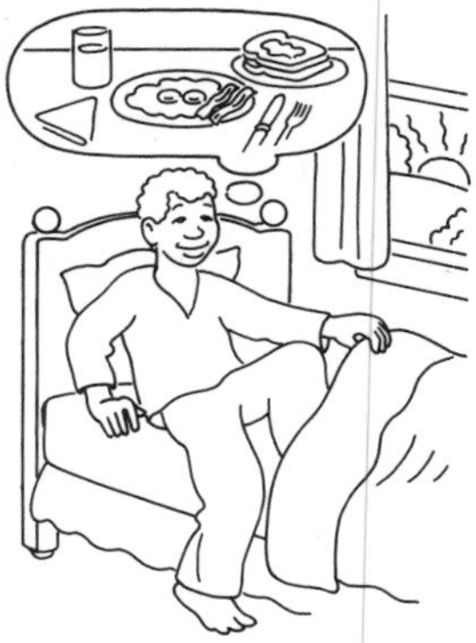

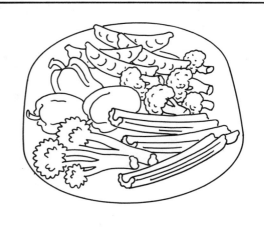

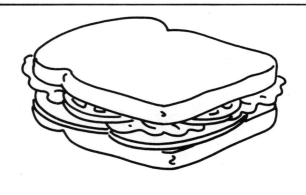

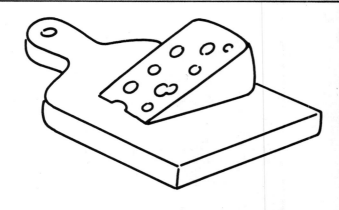

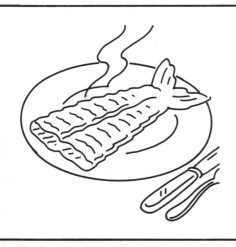

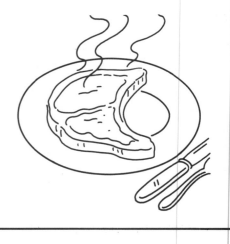

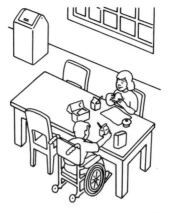

¡A CONVERSAR!

Un dolor sospechoso

MAMÁ: Víctor, son las siete y media de la mañana. Ya es hora de ir a la escuela.

VÍCTOR: ¡Estoy muy mal! ¡Ayyy! Tengo mucho dolor.

MAMÁ: ¿Qué te duele, hijo?

VÍCTOR: Ay, mamá, me duelen la cabeza, las piernas y los brazos.

MAMÁ: ¿Te duele todo el cuerpo?

VÍCTOR: Sí, me duele todo el cuerpo. Me duelen los ojos, las manos, los dientes, las…

MAMÁ: ¡Víctor! No te duele todo el cuerpo. Hoy vas a la escuela.

VÍCTOR: ¡Por favor, mamá! Tengo un examen de historia hoy. ¡Hasta me duelen las pestañas!

MAMÁ: ¡Qué muchacho! ¡A la escuela! ¡Ahora mismo!

Nota:

Sospechoso means "suspicious."

Un examen means a "test" or "exam."

Preguntas

1. ¿Qué hora es?
2. ¿Cómo está Víctor?
3. ¿Qué partes del cuerpo le duelen a Víctor?
4. ¿Va Víctor a la escuela hoy?

¡Conversa tú!

1. ¿A qué hora vas a la escuela?
2. ¿Cómo estás hoy?
3. ¿Te duele la cabeza?
4. ¿Te duelen las piernas?
5. ¿Tienes un examen hoy?

La tienda de ropa

SRA. OTEO: Buenas tardes, señorita. ¿Tiene usted una blusa y una falda?

VENDEDORA: En la tienda hay blusas, faldas, chaquetas y pantalones. También hay zapatos muy bonitos.

SRA. OTEO: ¿Hay ropa pequeña?

VENDEDORA: Hay ropa pequeña, mediana y grande.

SRA. OTEO: Esta blusa pequeña es muy bonita.

VENDEDORA: Sí, señora. Pero a usted le va a quedar bien una blusa grande.

SRA. OTEO: No, no, no. Voy a comprar la blusa pequeña. También voy a comprar una falda mediana.

VENDEDORA: Una falda mediana le va a quedar muy mal, señora. Aquí está una falda grande.

SRA. OTEO: ¡Señorita! La falda no es para mí. Mi prima va a llevar la falda. ¡Y mi hija va a llevar la blusa!

VENDEDORA: ¡Ay, perdón, señora!

Preguntas

1. ¿Qué busca la señora Oteo?
2. ¿Qué hay en la tienda de ropa?
3. ¿Cómo es la blusa?
4. ¿A la señora le va a quedar bien o mal una falda mediana?
5. ¿Quién va a llevar la falda? ¿Quién va a llevar la blusa?

¡Conversa tú!

1. ¿Te gusta comprar ropa? ¿Qué compras?
2. ¿Llevas ropa pequeña? ¿mediana? ¿grande?
3. ¿Te queda bien o mal la ropa grande?
4. ¿A veces compras ropa para tus hermanos?
5. ¿A veces compras ropa para tus papás?

¡Qué modesta es Alicia!

ESTELA: ¡Qué fotografías tan bonitas! ¿De quiénes son las fotos?

ALICIA: Son de mis amigos. Este muchacho es Enrique. Él tiene el pelo rojizo y los ojos castaños.

ESTELA: ¿Y este muchacho tan alto?

ALICIA: Es Manuel. Es más alto y más delgado que Enrique. Tiene el pelo rubio, corto y muy rizado.

ESTELA: Y la muchacha, ¿es baja?

ALICIA: ¿Gertrudis? No, ella es alta y gruesa.

ESTELA: Y esta foto es de…

ALICIA: ¡Soy yo! Soy muy bonita, inteligente, simpática, generosa,…

ESTELA: ¡Y muy modesta!

Nota:

Modesta means "modest."

Fotografía and **foto** both mean "photograph."

Preguntas

1. ¿De quiénes son las fotos?
2. ¿Cómo es el pelo de Enrique?
3. ¿Quién es más alto, Enrique o Manuel?
4. ¿Cómo es Gertrudis?
5. ¿Cómo es Alicia?

¡Conversa tú!

1. ¿Cómo eres tú? ¿Eres alto o bajo?
2. ¿Cómo es tu pelo?
3. ¿De qué color son los ojos?
4. ¿Tienes un amigo más alto que tú?
5. ¿Eres modesto? ¿Cómo eres?

Una carrera en casa

PACHA: ¡Hola! ¡Celia! ¿Dónde estás? ¿Estás en casa?

CELIA: Estoy en la sala. Entra, Pacha.

PACHA: Bueno, yo también estoy en la sala. ¿Dónde estás tú?

CELIA: ¡Uf! ¡No, no, no!…Estoy en la cocina.

PACHA: Pues, yo entoy en la cocina. ¿Dónde estás?

CELIA: ¡Puf! ¡Ay! ¡Uf!…Estoy fuera de la casa. Estoy en el patio…en el jardín.

PACHA: ¡Mira, chica! Estoy en el patio y ahora en el jardín. ¡Tú no estás aquí! ¿Dónde estás?

CELIA: Estoy dentro del garaje. ¡Ayyy!

PACHA: ¡Por fin! Ahora estamos en el mismo lugar. ¿Qué pasa?

CELIA: Es que…es que el perrito tiene mi libro para la clase de español. ¡Y él va más rápido que yo!

Nota:

Una carrera is a "race."

El mismo lugar means "the same place."

Preguntas

1. ¿Quién va a la casa de Celia?

2. ¿Está Celia en la cocina?

3. ¿Está ella dentro de la casa?

4. ¿Está ella fuera de la casa?

5. ¿Dónde están Celia y su perrito?

¡Conversa tú!

1. ¿Qué te gusta más, estar dentro de la casa o fuera de la casa?

2. ¿Tienes un cuarto favorito? ¿Cuál es?

3. ¿En qué cuarto estudias?

4. ¿Cómo es tu dormitorio?

5. ¿Cuántas horas estás en casa cada día?

Unas preguntas pesadas

ESTEBAN:	¿Dónde va el televisor? ¿Delante del sofá?
SR. OLVIDA:	A ver, a ver…no, por favor, en…
RAQUEL:	¿Aquí, en la alfombra?
SR. OLVIDA:	No, no…cerca de…
ESTEBAN:	¿Va cerca del estante?
SR. OLVIDA:	No, no…detrás de…
RAQUEL:	¿Va detrás de la lámpara?
SR. OLVIDA:	No. No va detrás de la lámpara.
ESTEBAN:	¡Uf! Va aquí en el piso. Adiós, Sr. Olvida.
RAQUEL:	¡Ay! ¡Qué dolor tengo en los brazos! Adiós.

> Nota:
>
> **Pesado** means "heavy."

Preguntas

1. El televisor va delante del sofá, ¿verdad?
2. ¿Va el televisor cerca del estante?
3. ¿Va el televisor detrás de la lámpara?
4. ¿Dónde está el televisor?
5. ¿Dónde están Esteban y Raquel, cerca o lejos del Sr. Olvida?

¡Conversa tú!

1. ¿Cuántos televisores hay en tu casa?
2. ¿Tienes un radio o un televisor en tu dormitorio?
3. ¿Está tu cuarto cerca o lejos de la sala?
4. ¿Está tu cuarto cerca o lejos del cuarto de baño?
5. ¿Cómo es tu tocador?
6. ¿Dónde está el teléfono en tu casa?

¿Dónde está el abrelatas?

PAPÁ: ¡Hoy vamos a cocinar!

IRIS: ¡Qué bien! ¿Cómo voy a ayudar, papá?

PAPÁ: Primero, tú vas a abrir esta lata. Yo voy a usar la batidora eléctrica.

IRIS: De acuerdo. ¿Dónde está el abrelatas?

PAPÁ: Está dentro el gabinete cerca del refrigerador.

IRIS: No, papá. El abrelatas no está aquí.

PAPÁ: Entonces está en el cajón.

IRIS: No está aquí tampoco, papá. Papá, el abrelatas no está en la cocina.

PAPÁ: ¡Ay, tienes razón Iris! ¡Vamos al restaurante!

Nota:

Tampoco means "either" or "neither."

Preguntas

1. ¿Qué van a hacer ellos?
2. ¿Qué va a usar el papá?
3. ¿Está el abrelatas dentro del gabinete?
4. ¿Tienen ellos un refrigerador en la cocina?
5. ¿Van a un restaurante?

¡Conversa tú!

1. ¿Te gusta cocinar?
2. ¿Ayudas a tus papás en la cocina?
3. ¿Qué cosas hay en tu cocina?
4. ¿Qué vas a cocinar hoy?
5. ¿Estudias mucho en tu cocina?

Una familia limpia la casa

MAMÁ: ¡Qué barbaridad! Tenemos que limpiar la casa.

PAPÁ: Yo tengo que lavar, secar y planchar la ropa.

HIJO: Yo acabo de limpiar el piso y pasar la aspiradora.

MAMÁ: Yo acabo de quitar el polvo. Tengo que sacar la basura. También tengo que regar las plantas.

PAPÁ: Y tú, hija, ¿qué tienes que hacer?

HIJA: Bueno, ¡yo tengo que inspeccionar la casa limpia!

Nota:

¡Qué barbaridad! means "How awful!"

Preguntas

1. ¿Quién tiene que lavar y planchar la ropa?

2. ¿Quién acaba de limpiar el piso?

3. ¿Quién va a regar las plantas?

4. ¿Quién acaba de pasar la aspiradora?

5. ¿Quién saca la basura?

6. ¿Qué tiene que hacer la hija?

¡Conversa tú!

1. ¿Cuándo tienes que limpiar tu casa?

2. ¿Tienes que recoger tus cosas cada día?

3. ¿Qué tienes que hacer por la tarde?

4. ¿Qué tienes que hacer los fines de semana?

5. ¿Te gusta más estudiar o limpiar la casa?

¡Tanta fruta!

CECILIA: ¡Hola, Juan! ¿Cómo estás?

JUAN: Hola, Cecilia. Estoy así, así.

CECILIA: ¿Qué tienes? ¿Estás enfermo?

JUAN: No. Tengo hambre.

CECILIA: ¡Caramba! Tienes suerte. Ahora yo voy a comer frutas. Vamos, Juan.

JUAN: Sí, gracias. Me gustan las manzanas, las uvas, las fresas…

CECILIA: A mí también me gustan mucho. ¡Ah! No tenemos manzanas, uvas o fresas.

JUAN: También me gustan los plátanos, las cerezas y la piña.

CECILIA: Lo siento, Juan. No tenemos piña. Vamos a la mesa para comer sandía.

¡Caramba! Ya no tengo hambre. No me gusta la sandía.

Nota:

Tanta means "so much."

Lo siento means "I'm sorry."

Preguntas

1. ¿Está enfermo Juan?

2. ¿Qué va a hacer Cecilia?

3. ¿Qué frutas tiene Cecilia?

4. ¿A Juan le gustan las frutas?

5. ¿Comen uvas y fresas ellos?

¡Conversa tú!

1. ¿Te gusta comer frutas?

2. ¿Cuál es tu fruta favorita?

3. ¿Vas a comer frutas hoy?

4. ¿Qué frutas tienes en tu cocina?

5. ¿Tienes hambre ahora?

David y Hugo toman el desayuno

DAVID: Buenos días, Hugo. ¿Qué quieres tomar para el desayuno?

HUGO: Buenos días, David. ¿Qué vas a tomar tú?

DAVID: ¿Yo? Siempre tomo huevos fritos, pan tostado, cereal con leche y jugo de naranja. ¿Qué tomas en México por la mañana?

HUGO: A veces como tortillas con frijoles. Generalmente tomo un pan dulce y una taza de chocolate bien caliente.

DAVID: ¿Es todo?

HUGO: Sí, cómo no.

DAVID: ¡Caramba! Tu desayuno es como la dieta de mi mamá.

Nota:

Dulce means "sweet."

Caliente means "hot."

Preguntas

1. ¿Qué va a tomar David para el desayuno?

2. ¿Qué come Hugo a veces?

3. Generalmente, ¿qué toma él?

4. ¿A David le gusta el desayuno de Hugo?

5. ¿De dónde es Hugo?

¡Conversa tú!

1. ¿Tomas un desayuno grande o pequeño?

2. ¿Cuál es tu jugo favorito?

3. ¿Tomas leche o chocolate por la mañana?

4. ¿Te gusta el pan tostado con margarina o mermelada?

5. ¿Cómo te gustan los huevos, fritos, revueltos o pasados por agua?

Un almuerzo con amigos

EDUARDO: ¡Hola, Mirta! ¿Vas a casa?

MIRTA: Sí, voy a almorzar.

EDUARDO: Yo también. Tengo hambre.

MIRTA: ¿Adónde vas?

EDUARDO: Voy a la casa de Alberto. Almuerzo con él.

MIRTA: Y, ¿qué va a comer Alberto?

EDUARDO: ¡Uf! A él sólo le gustan las legumbres.

MIRTA: ¿Qué te gusta comer para el almuerzo?

EDUARDO: Me gusta comer papas y pollo.

MIRTA: Para el almuerzo, mi mamá tiene una ensalada, queso y pan. A nosotras nos gustan mucho las ensaladas.

EDUARDO: Hoy tengo mucha hambre y poca suerte.

Preguntas

1. ¿Quién tiene hambre?
2. ¿Con quién va a comer Eduardo?
3. ¿Qué come la mamá de Mirta para el almuerzo?
4. ¿Alberto come muchos legumbres?
5. ¿Por qué no tiene suerte Eduardo?

¡Conversa tú!

1. ¿A veces comes el almuerzo con tus amigos?
2. ¿Qué te gusta comer en el almuerzo?
3. ¿Qué te gusta más, el pollo o la ensalada?
4. ¿Qué tiene tu mamá para el almuerzo?
5. ¿Tienes tú mucha suerte?

Un día sin clases

ALICIA: Gregorio, tienes que levantarte. Es tarde.

GREGORIO: ¿Qué hora es?

MAMÁ: Son las siete y media.

GREGORIO: ¡Ay! Sólo tengo treinta minutos para salir.

ALICIA: Gregorio, yo me baño primero y me cepillo los dientes.

GREGORIO: Yo me lavo la cara, me seco el pelo y me peino.

MAMÁ: Ustedes también tienen que tomar el desayuno antes de irse.

GREGORIO: Mamá, tengo prisa.

ALICIA: Yo también tengo prisa.

MAMÁ: ¿Adónde van tan temprano?

ALICIA Y
GREGORIO: A la escuela. Las clases comienzan a las ocho.

MAMÁ: ¿A la escuela? Hoy es día de fiesta. No hay clases.

Nota:

Salir means "to leave."

Antes de means "before."

Temprano means "early."

Preguntas

1. ¿Se levanta Gregorio hoy a las ocho?

2. ¿Qué hace Alicia primero?

3. ¿Qué tienen que hacer Gregorio y Alicia antes de irse?

4. ¿Tienen prisa?

5. ¿Hoy van a la escuela Gregorio y Alicia?

¡Conversa tú!

1. ¿A qué hora te levantas?

2. ¿Qué haces primero en la mañana?

3. ¿Comes el desayuno antes de irte a la escuela?

4. ¿A qué hora comienzan las clases en tu escuela?

5. ¿Tienes tú días de fiesta?

Busca al señor Fernández

ESTELA: Javier, ¿sabes dónde está el señor Fernández?

JAVIER: Sí. El señor Fernández está en la biblioteca.

ESTELA: No, en la biblioteca no hay nadie.

JAVIER: ¡Ah! Él está con la enfermera en la enfermería.

ESTELA: No sé dónde está la enfermería.

JAVIER: La enfermería está por el pasillo.

ESTELA: ¿Qué pasillo?

JAVIER: El pasillo cerca de la cocina.

ESTELA: No sé dónde está la cocina.

JAVIER: Entonces, Estela, tiene que buscar un mapa primero.

Nota:

Buscar means "to look for."

Preguntas

1. ¿Está el señor Fernández en la biblioteca?

2. ¿Quién busca al señor Fernández?

3. ¿Dónde está la enfermería?

4. ¿Hay un pasillo cerca de la cocina?

5. ¿Dónde está el señor Fernández?

¡Conversa tú!

1. ¿Tienes una biblioteca en tu escuela?

2. ¿Usas mucho la biblioteca?

3. ¿Cuántos pasillos hay en tu escuela?

4. En tu escuela, ¿dónde está la cocina?

5. ¿Sabes dónde están todos los cuartos en tu escuela?

NUMBERS / LETTERS

¡Viva el Español!   © National Textbook Company

1

2

3

4

5

6

7

8

9

10

¡Viva el Español!   © National Textbook Company

¿QUÉ TAL?

11

12

13

14

15

16

17

18

19

20

21	**22**
23	**24**
25	**26**
27	**28**
29	**30**

¡Viva el Español! © National Textbook Company

¿QUÉ TAL?

31	32
33	34
35	36
37	38
39	40

41	42
43	44
45	46
47	48
49	50

¡Viva el Español!   © National Textbook Company

¿QUÉ TAL?

51	52
53	54
55	56
57	58
59	60

61	**62**
63	**64**
65	**66**
67	**68**
69	**70**

¿QUÉ TAL?

71

72

73

74

75

76

77

78

79

80

¡Viva el Español!   © National Textbook Company

¿QUÉ TAL?

81

82

83

84

85

86

87

88

89

90

¡Viva el Español! © National Textbook Company

¿QUÉ TAL?

91	**92**
93	**94**
95	**96**
97	**98**
99	**100**

100	200
300	400
500	600
700	800
900	1000

¡Viva el Español! © National Textbook Company

¿QUÉ TAL?

A

B

C

D

E

F

G

H

¡Viva el Español!   © National Textbook Company

¿QUÉ TAL?

I

J

K

L

M

N

Ñ

O

¿QUÉ TAL?

P

Q

R

S

T

U

V

W

¡Viva el Español!   © National Textbook Company

¿QUÉ TAL?

X

Y

Z

MAPS

MAPS

¡Viva el Español!   © National Textbook Company

**United States
and Canada**

Master **177**

¿QUÉ TAL?

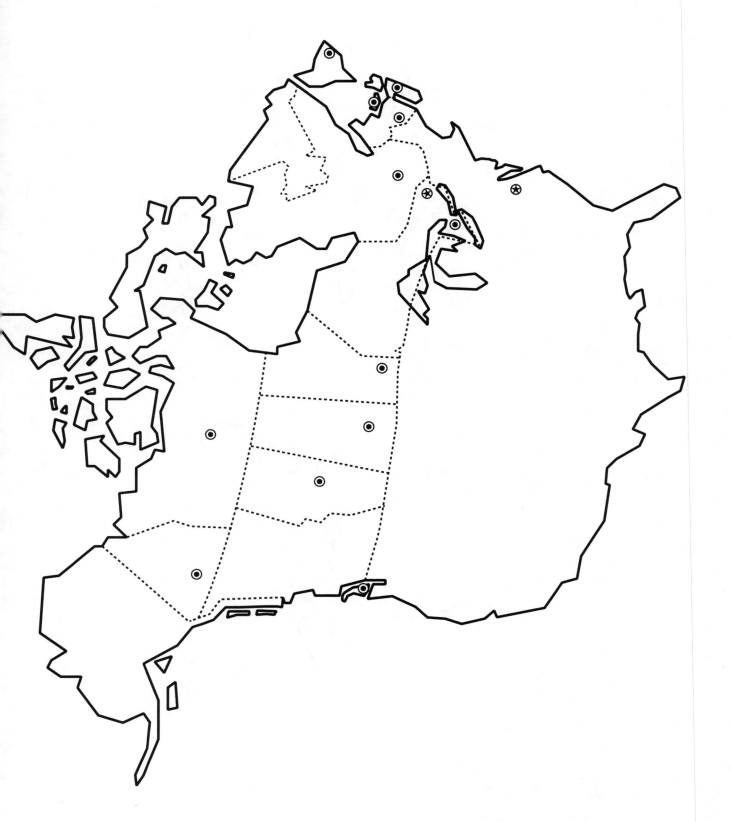

MAPS

¡Viva el Español! © National Textbook Company

Mexico, Central America,
and the Caribbean

Master **178**

¿QUÉ TAL?

¡Viva el Español!   © National Textbook Company

South America

Spain and
Western Europe

Master **180**
¿QUÉ TAL?

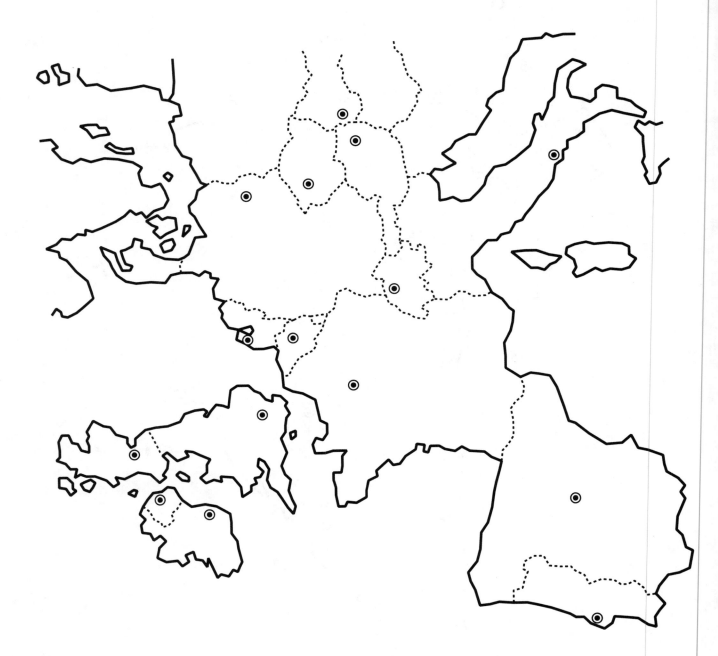

¡**Viva el Español!**   © National Textbook Company   **United States**   ¿QUÉ TAL?

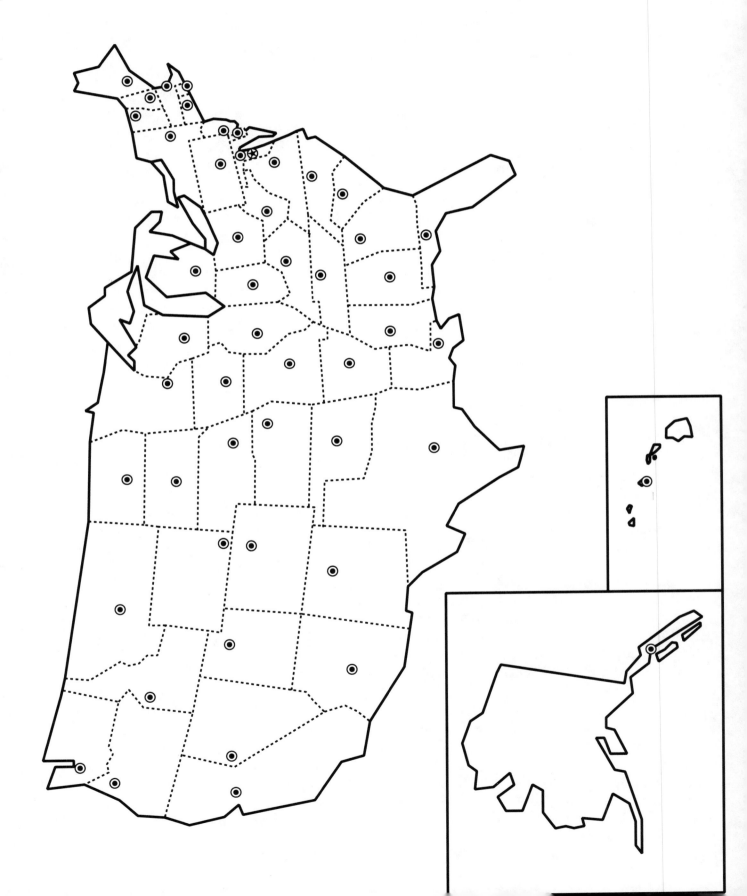

GAME / ACTIVITY PAGES

¿QUÉ TAL?

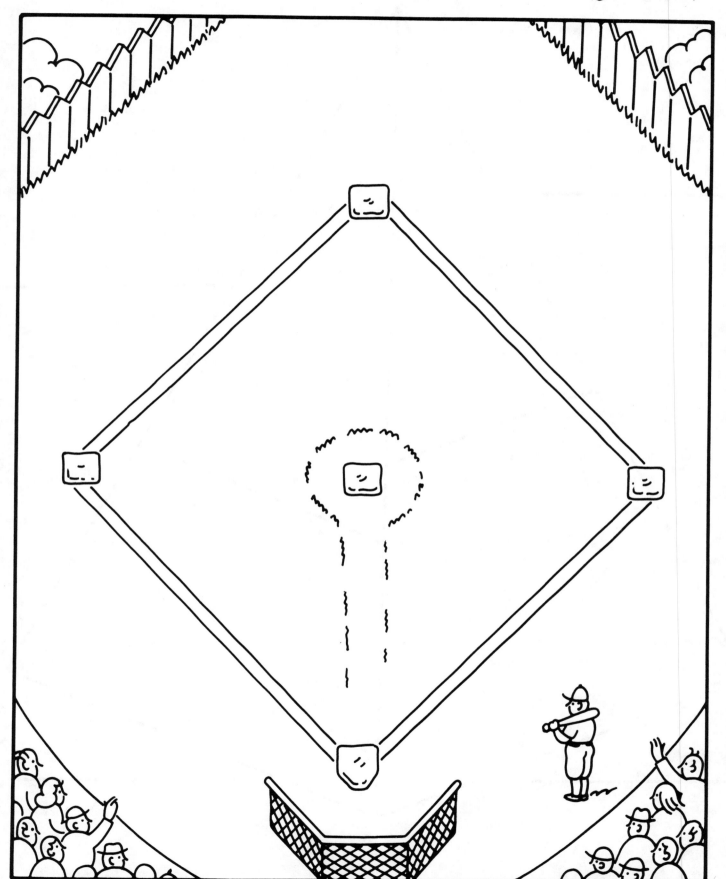

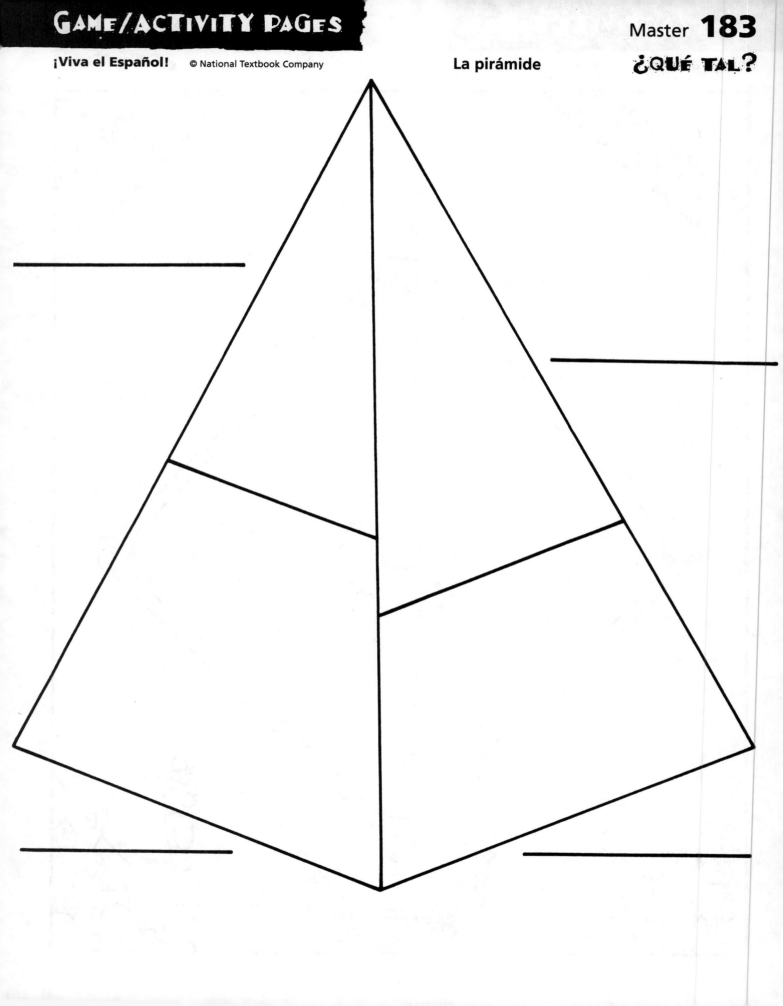

GAME/ACTIVITY PAGES

¡Viva el Español!   © National Textbook Company

Vamos a la tienda
(game board)

Master **184**

¿QUÉ TAL?

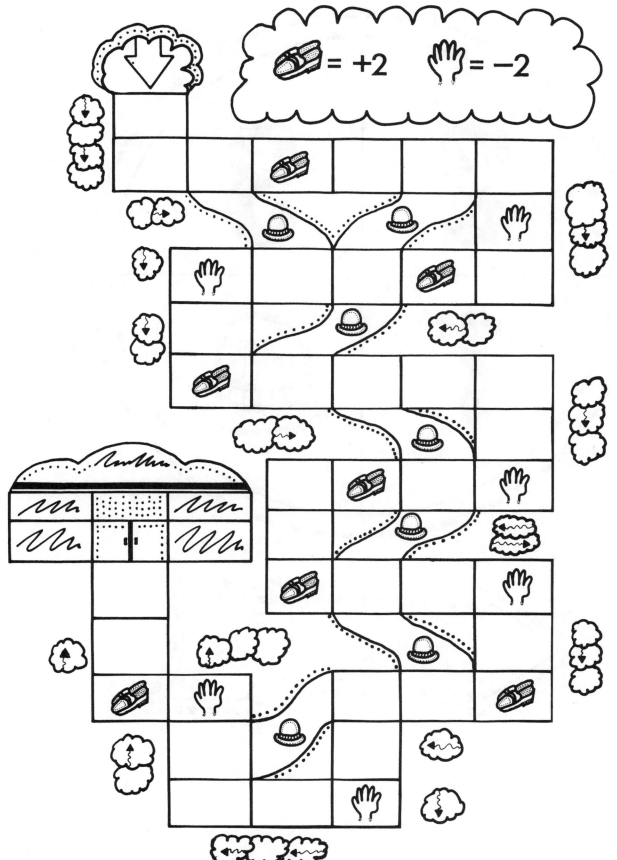

GAME/ACTIVITY PAGES

¡Viva el Español!   © National Textbook Company

Vamos a la tienda
(number spinner)

Master **185**

¿QUÉ TAL?

GAME/ACTIVITY PAGES

¡Viva el Español!   © National Textbook Company

Vamos en taxi
(game board)

Master **186**

¿QUÉ TAL?

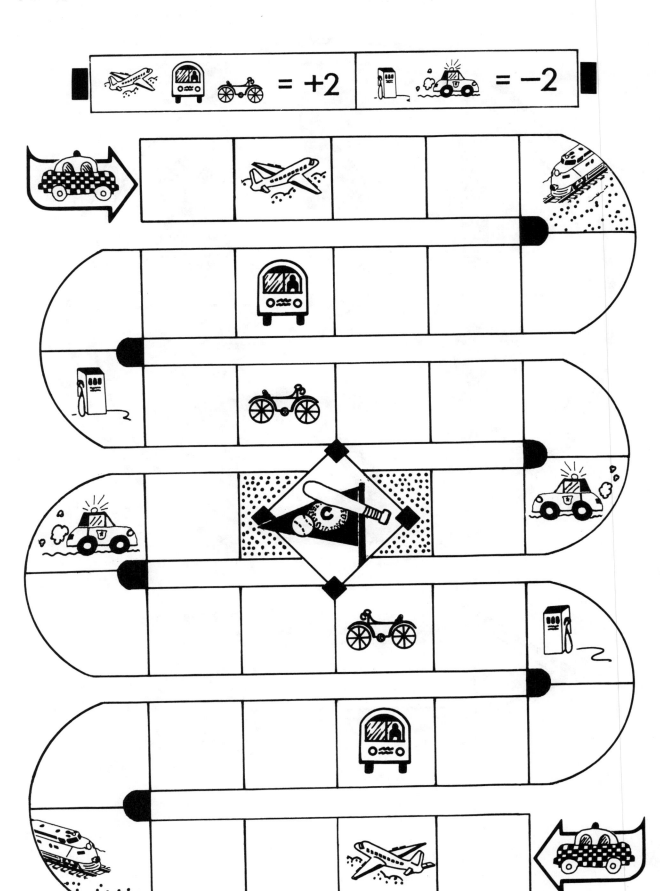

GAME/ACTIVITY PAGES

¡Viva el Español! © National Textbook Company

Vamos en taxi
(number spinner)

Master **187**

¿QUÉ TAL?

¡Viva el Español!   © National Textbook Company

Blank Calendar:
Un mes

lunes	martes	miércoles	jueves	viernes	sábado	domingo

lunes	
martes	
miércoles	
jueves	
viernes	
sábado	
domingo	

Large clock face

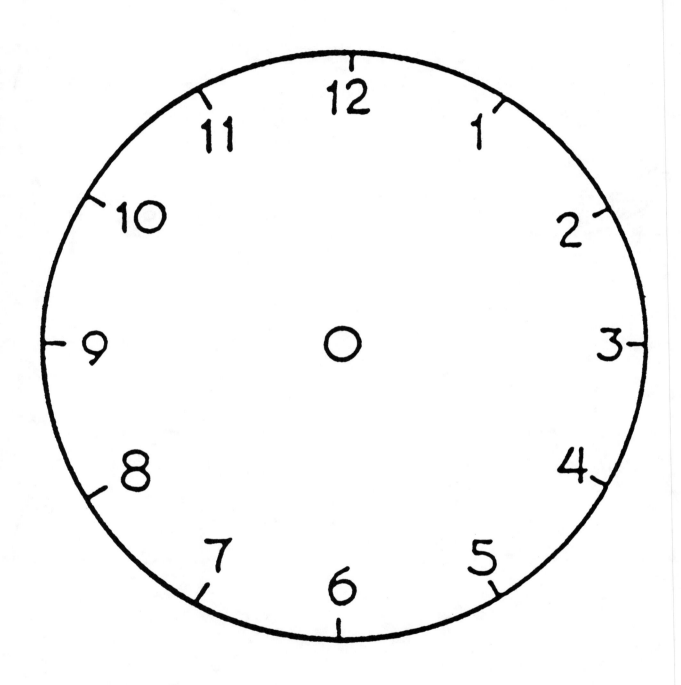

GAME/ACTIVITY PAGES

**Quarter-page
clock faces**

Master **191**

¡Viva el Español!   © National Textbook Company

¿QUÉ TAL?

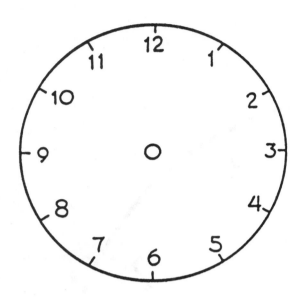

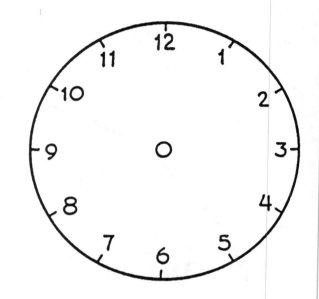

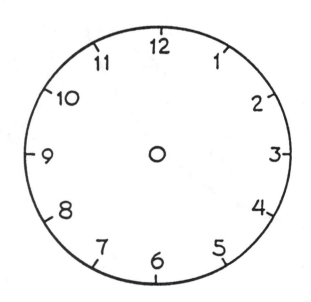

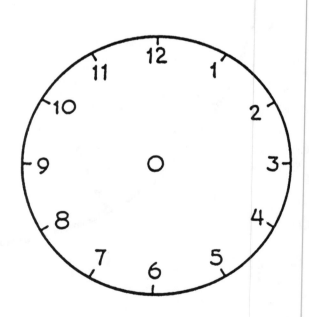

¡Viva el Español!   © National Textbook Company

El menú

El menú

Sopas

_____

_____

_____

Ensaladas

_____

_____

Sándwiches

_____

_____

_____

Carnes

_____

_____

_____

Pescado y mariscos

_____

_____

Huevos

_____

_____

Vegetales

_____

_____

Postres

_____

_____

_____

Bebidas

_____

_____

_____

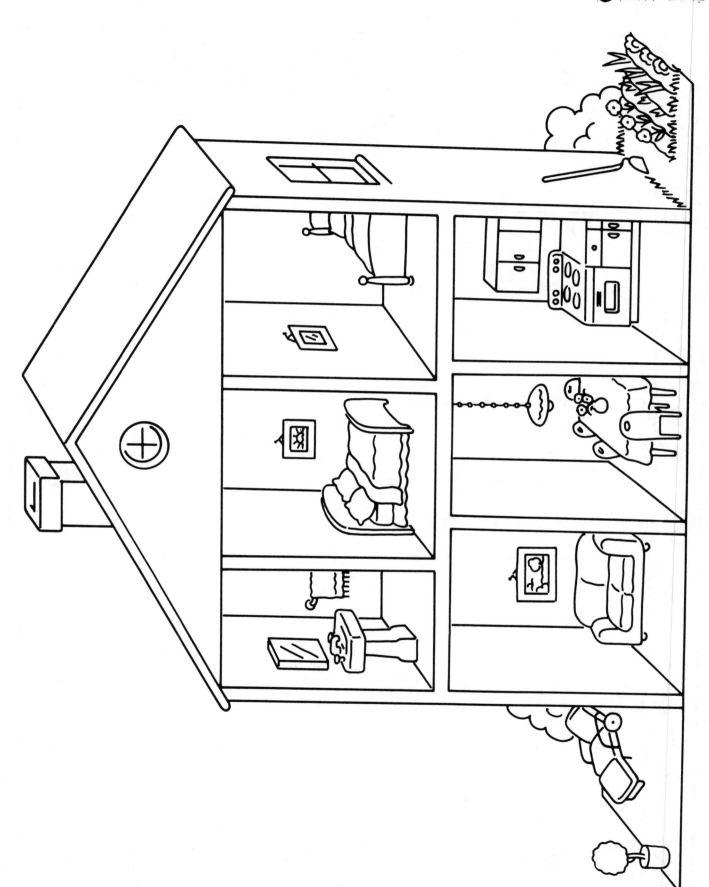

Birthday cake pattern

¿QUÉ TAL?

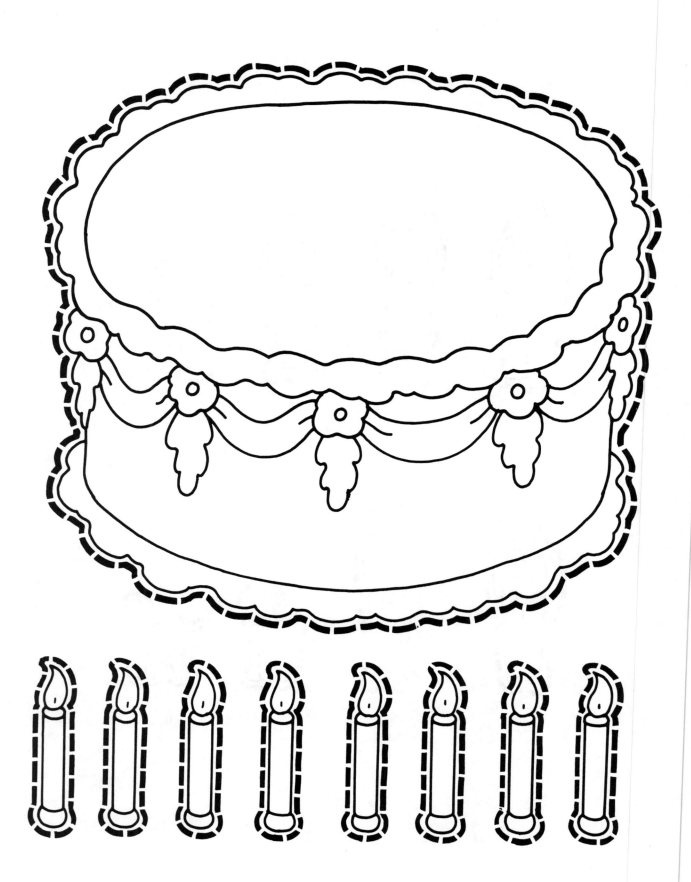

GAME/ACTIVITY PAGES

Map Activity:
Mexico and Central America

Master **196**

¡Viva el Español!   © National Textbook Company

¿QUÉ TAL?

1. _____   _____

2. _____   _____

3. _____   _____

4. _____   _____

5. _____   _____

6. _____   _____

7. _____   _____

8. _____   _____

GAME/ACTIVITY PAGES

¡Viva el Español!   © National Textbook Company

Map Activity:
The Caribbean and Spain

Master **197**

¿QUÉ TAL?

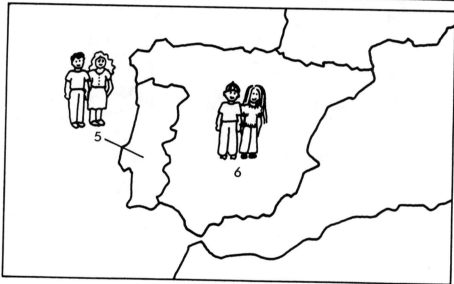

1. _____   _____

2. _____   _____

3. _____   _____

4. _____   _____

5. _____   _____

6. _____   _____

GAME/ACTIVITY PAGES

¡Viva el Español!   © National Textbook Company

Map Activity:
South America

Master **198**

¿QUÉ TAL?

1. _____   _____

2. _____   _____

3. _____   _____

4. _____   _____

5. _____   _____

6. _____   _____

7. _____   _____

8. _____   _____

9. _____   _____

10. _____   _____

¡Viva el Español!   © National Textbook Company

Star Pattern

¿QUÉ TAL?

Sports Patterns

¿QUÉ TAL?

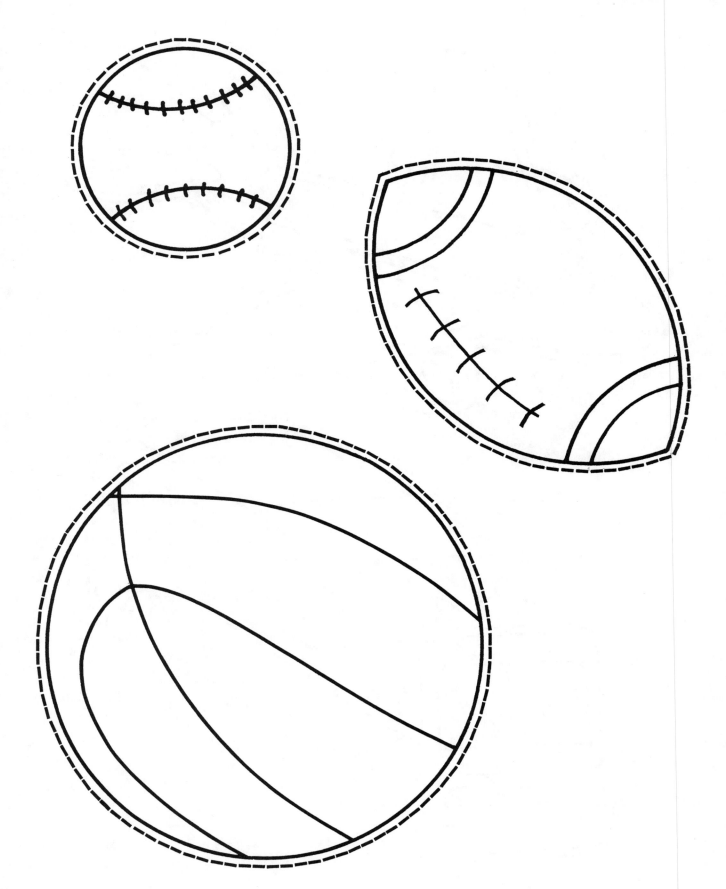

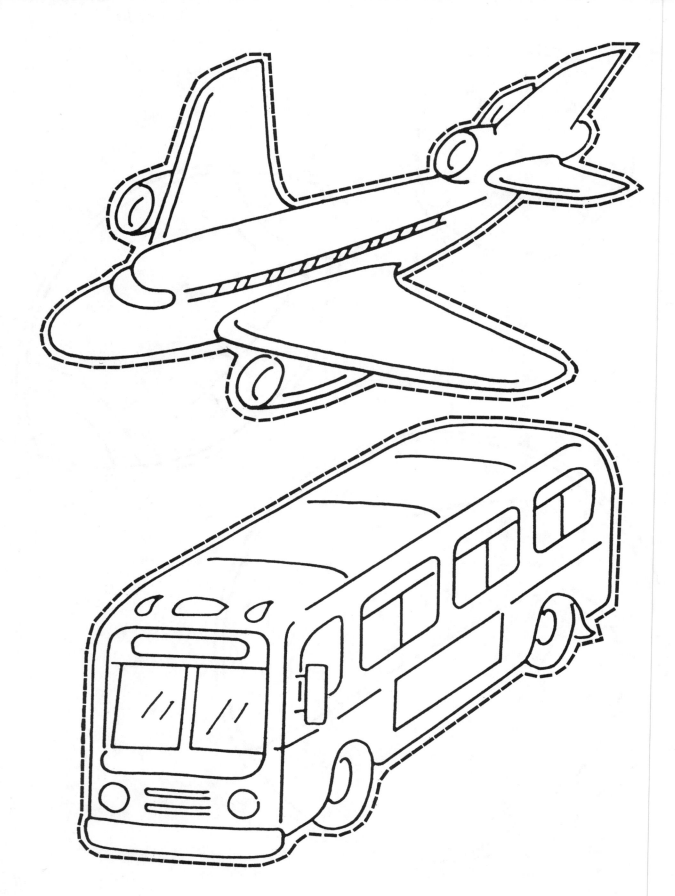

TAPE EXERCISE AND PRONUNCIATION PAGES

¡Viva el Español!　© National Textbook Company

¿QUÉ TAL?

Nombre _____ Fecha _____

Los sonidos del idioma

Las consonantes: La n y la ñ

Escucha y repite.

nacho	una	ñame	doña
negro	enero	enseña	paño
nido	línea	año	español

1. El canario se levanta del nido nítido.
2. La señorita come piñas por la mañana.
3. La niña española habla alemán en enero.
4. Doña Ana enseña paños finos en la tienda.

Pronunciation Exercise

1. _____ ñ _____

2. _____

3. _____

4. _____

5. _____

6. _____

7. _____

8. _____

9. _____

10. _____

¡Viva el Español!   © National Textbook Company

¿QUÉ TAL?

Nombre _____   Fecha _____

¿Cómo lo dices?

Exercise 1

¡Viva el Español!   © National Textbook Company   ¿QUÉ TAL?

Nombre _____   Fecha _____

¿Cómo lo dices?, *continued*

Exercise 2

¡Hola, José!

    ¿Qué tal? Yo no estoy bien hoy. _____ **Me duelen** _____ los ojos. También

_____ la nariz. No voy a la escuela hoy.

    Mi hermanito no va a la escuela tampoco. A él _____ las rodillas.

Mi papá está mal también. _____ la espalda. Mi hermana sí va a la escuela.

A ella no _____ la espalda. Mi mamá está así, así. A ella

_____ las manos y la cabeza. A mí no _____ la cabeza. ¿A ti

_____ la cabeza?

                                      ¡Hasta luego!

                                      Teresita

¡Viva el Español! © National Textbook Company

Nombre _____ Fecha _____

Los sonidos del idioma

Las consonantes: La h

Escucha y repite.

hace	hola	Héctor
hermana	humano	historia
hijo	hablar	ahora

1. Es la hora de hablar con los hermanos.
2. Mi hermano Héctor no hace nada.
3. Ahora Helena cuenta historias a los Hernández.

Pronunciation Exercise

1. _____**ho**_____

2. _____**he**_____

3. _____

4. _____

5. _____

6. _____

7. _____

8. _____

9. _____

10. _____

Nombre _____ Fecha _____

¿Cómo lo dices?

Exercise 2

pequeño   mediana   grande

grande

pequeños

mediana

mediana

pequeños

grandes

¡Viva el Español!   © National Textbook Company

¿QUÉ TAL?

Nombre _____   Fecha _____

Los sonidos del idioma

Las consonantes: La b y la v

Escucha y repite.

baño	cabeza	vaca	uvas
beber	también	ventana	avenida
boca	abajo	voz	civil

1. Benito baila con Isabel en la biblioteca también.
2. Viviana va y vuelve por la avenida Victoria.
3. Víctor es bajo y Violeta es bonita.
4. El sábado la vaca va a volar sobre Bolivia.

Pronunciation Exercise

1. _____sí_____

2. _____no_____

3. _____

4. _____

5. _____

6. _____

7. _____

8. _____

9. _____

10. _____

¡Viva el Español!   © National Textbook Company

Nombre _____   Fecha _____

¿Cómo lo dices?

Exercise 2

Sí, eres alta. _____

_____

_____

No. Usted es delgado. _____

_____

_____

1.

_____

_____

_____

2.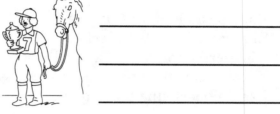

_____

_____

_____

3.

_____

_____

_____

4.

_____

_____

_____

5.

_____

_____

_____

6.

_____

_____

_____

¡Viva el Español!   © National Textbook Company

¿QUÉ TAL?

Nombre _____   Fecha _____

Los sonidos del idioma

Las vocales: a, e, i, o, u

Escucha y repite.

a: alas   cara   falda   mañana   sábado
e: enero   perder   merengue   tener   verde
i: Iris   liso   difícil   vivir   significa
o: otoño   rojo   agosto   dolor   estómago
u: uvas   mucho   Úrsula   azul   Uruguay

1. Ana va con la mamá a la casa.
2. El nene de Tere bebe leche.
3. Iris escribe con la tiza amarilla en la pizarra.
4. Yo corro con Toño todos los domingos.
5. Úrsula busca una blusa azul.

Pronunciation Exercise

Ⓜ ⒶA	E	I	O	U
Ⓜ A	E	ⓘ I	O	U
1. A	E	I	O	U
2. A	E	I	O	U
3. A	E	I	O	U
4. A	E	I	O	U
5. A	E	I	O	U
6. A	E	I	O	U
7. A	E	I	O	U
8. A	E	I	O	U
9. A	E	I	O	U
10. A	E	I	O	U

Nombre _____   Fecha _____

¿Cómo lo dices?

Exercise 1

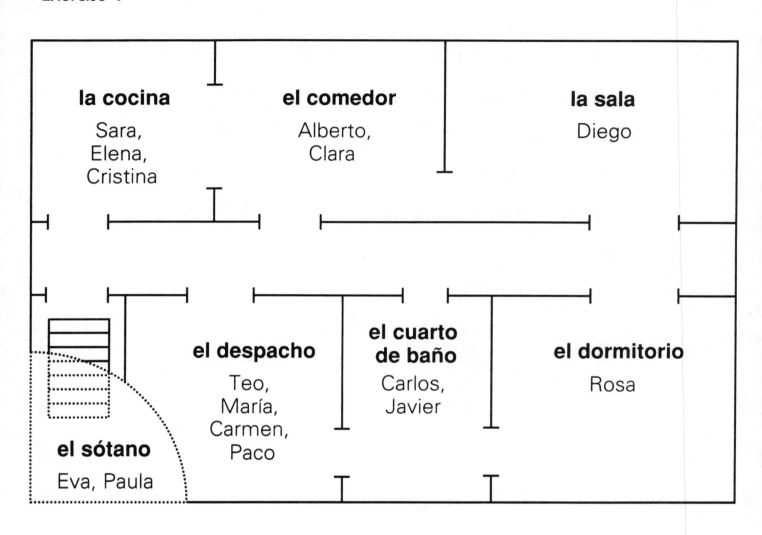

M	ellos	yo	(nosotros)	**M**	ellos	(ellas)	nosotros
1.	ellos	ellas	nosotros	**4.**	nosotros	yo	nosotras
2.	tú	yo	él	**5.**	ellas	ellos	él
3.	tú	yo	ella				

Nombre _____   Fecha _____

¿Cómo lo dices?, *continued*

Exercise 2

SR. MARANO: ¡Candela! ¿Dónde _____**está**_____ tu mamá?

CANDELA: Mamá _____ en el jardín.

SR. MARANO: ¿Y dónde _____ Margarita?

CANDELA: Margarita y abuelita _____ en la sala.

SR. MARANO: Y tú, ¿_____ con tu hermano?

CANDELA: Sí. _____ con él. _____ en el

dormitorio.

SR. MARANO: Entonces, toda la familia _____ en casa.

CANDELA: Sí, papá, _____ todos aquí.

SR. MARANO: Gracias, hija.

UNIDAD 4

Tape Exercise and
Pronunciation Pages

Page 11

¡Viva el Español!   © National Textbook Company

¿QUÉ TAL?

Nombre _____   Fecha _____

¿Cómo lo dices?, *continued*

Exercise 3

M	Cierto	(Falso)	**4.**	Cierto	Falso
1.	Cierto	Falso	**5.**	Cierto	Falso
2.	Cierto	Falso	**6.**	Cierto	Falso
3.	Cierto	Falso			

Nombre _____   Fecha _____

Los sonidos del idioma

Las consonantes: La r

Escucha y repite el sonido de **ere**.

cara	pero	primo	febrero
pare	brilla	martes	tren
María	historia	padre	garaje

1. En febrero, Sara prepara el almuerzo a las tres.
2. Trece y treinta son cuarenta y tres.
3. ¿Qué hora es? Son las cuatro y cuarto.

Pronunciation Exercise

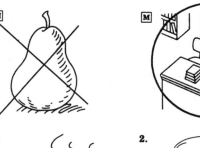

1.

2.

3.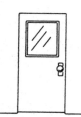

4.

5.

6.

7.

8.

9.

Nombre _____ Fecha _____

¿Cómo lo dices?

Exercise 1

Exercise 2, *Part 1*

M   Yo tengo cuatro _____**espejos**_____ .   **4.**   Yo tengo dos _____ .

1.   Yo tengo tres _____ .   **5.**   Yo tengo cinco _____ .

2.   Yo tengo cuatro _____ .   **6.**   Yo tengo dos _____ .

                                        ¿De veras?

3.   Yo tengo diez _____ .

Exercise 2, *Part 2*

M   _____**bonitas**_____   **M**   _____

1.   _____   **4.**   _____

2.   _____   **5.**   _____

3.   _____   **6.**   _____

¡Viva el Español!   © National Textbook Company

¿QUÉ TAL?

Nombre _____   Fecha _____

Los sonidos del idioma

Las consonantes: La r

Escucha y repite el sonido de **erre**.

rancho	ropa	borrador	perro
real	rubia	corre	arroz
rico	Raúl	herrero	Marruecos

1. El rancho de Rosita es rosado.
2. Raúl corre con el borrador a la pizarra.
3. Rita y su perro llevan ropa roja y marrón de Marruecos.

Pronunciation Exercise

M _____ **sí** _____   M _____

1. _____   6. _____

2. _____   7. _____

3. _____   8. _____

4. _____   9. _____

5. _____   10. _____

Nombre _____   Fecha _____

¿Cómo lo dices?

Exercise 1

1.

2.

4.

5.

3.

6.

Exercise 2

1.

4.

2.

5.

3.

6.

Exercise 3

M Paco

M Blanca

1. Lorenzo

2. Marcos

3. Tato

4. Anita

5. Pedro

6. Linda

Nombre _____   Fecha _____

Los sonidos del idioma

Las consonantes: La r

Escucha y repite. Compara la **ere** y la **erre**.

pera	rápido	borrador
cerezas	reloj	correr
amarillo	Ricardo	arriba
oro	rosado	marrón
muralla	ruido	arroyo

1. Rosa tiene un carro muy caro.
2. Ramón amarra su perro con la correa larga.
3. Por la tarde, yo corro con Roberto por la carretera.
4. Laura quiere un loro rojo, morado y verde.

Pronunciation Exercise

	ere	erre		ere	erre
M	☐	✓	M	✓	☐
1.	☐	☐	6.	☐	☐
2.	☐	☐	7.	☐	☐
3.	☐	☐	8.	☐	☐
4.	☐	☐	9.	☐	☐
5.	☐	☐	10.	☐	☐

¡Viva el Español!   © National Textbook Company

¿QUÉ TAL?

Nombre _____   Fecha _____

¿Cómo lo dices?

Exercise 2

1. sacar la basura	yo ✓
2. lavar la ropa	Ramón y yo ✓
3. regar las plantas	Rita y yo ✓
4. recoger las cosas	yo ✓
5. secar la ropa	yo ✓
6. quitar el polvo	Ramón, Rita y yo ✓
7. pasar la aspiradora	Rita y yo ✓
8. planchar la ropa	yo ✓

Nombre _____ Fecha _____

Los sonidos del idioma

Las consonantes: La s y la z

Escucha y repite. Compara la **s** y la **z**.

sala	escala	zapato	almorzar
semana	basta	zoológico	marzo
silla	Susana	zorra	azul

1. Vendo sesenta camisas todos los meses.
2. Zoraida busca diez zapatos azules.
3. El pastel de cerezas tiene dos tazas de azúcar.
4. Susana sube las escaleras para almorzar con la zorra.

Pronunciation Exercise

M   _____ **sí**

M   _____ **no**

1. _____

2. _____

3. _____

4. _____

5. _____

6. _____

7. _____

8. _____

Nombre _____   Fecha _____

¿Cómo lo dices?

Exercise 1

ponemos

_____

1.

_____

2.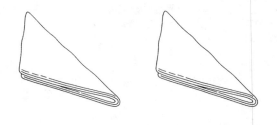

_____

3.

_____

4.

_____

5.

_____

6.

_____

7.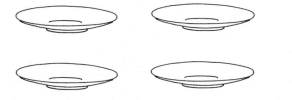

_____

8.

_____

Nombre _____ Fecha _____

¿Cómo lo dices?, *continued*

Exercise 2

Exercise 3

M

1.

2.

3.

4.

5.

6.

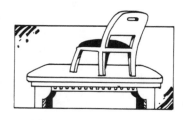

Nombre _____ Fecha _____

Los sonidos del idioma

Las consonantes: La c

Escucha y repite.

cereza	trece	ciencias	difícil
centro	veces	cine	tocino

1. A veces Cecilia va al cine.
2. La cena es a las cinco, el trece de diciembre.
3. Berenice, la cebra, estudia las ciencias en silencio.
4. Es difícil nadar el Océano Pacífico.

Pronunciation Exercise

M a _____ ectar

1. me _____ edora

2. al _____ iler

3. pereji _____

4. pare _____ ido

5. mere _____ er

M a _____ eite

6. pue _____ lo

7. _____ iudad

8. mar _____ har

9. do _____ ado

10. rela _____ ión

UNIDAD 9

¡Viva el Español!   © National Textbook Company

Tape Exercise and
Pronunciation Pages

Page **22**

¿QUÉ TAL?

Nombre _____   Fecha _____

¿Cómo lo dices?

Exercise 1, *Parts 1 and 2*

M **P:** Elena y abuelito, ¿qué _____**quieren**_____ tomar?

R: _____**Queremos cereal**_____ .

M **P:** Ernesto, ¿qué _____ tomar?

R: _____ .

1. P: Mamá y papá, ¿qué _____ tomar?

R: _____ .

2. P: Abuelita, ¿qué _____ tomar?

R: _____ .

3. P: Tío Julio, ¿qué _____ tomar?

R: _____ .

4. P: Rogelio y Laura, ¿qué _____ tomar?

R: _____ .

Nombre _____   Fecha _____

Los sonidos del idioma

Las consonantes: La c

Escucha y repite.

cabeza	cosa	cuchara
carro	color	cuchillo
vaca	rico	cincuenta
buscar	miércoles	disculpa

1. Carlos come su comida con la cuchara plástica.
2. Tu cumpleaños es el cuatro de octubre.
3. ¿De qué color son la cuchara y el cuchillo?
4. La vaca de Cúcuta corre a Cuzco el miércoles.

Pronunciation Exercise

M   **c**_____ ulebra

1. _____ obrar

2. ries _____ o

3. ba _____ alao

4. me _____ ir

5. hara _____ o

M   _____ ambor

6. roma _____ o

7. mar _____ o

8. _____ ratado

9. re _____ ado

10. mos _____ a

¡Viva el Español!   © National Textbook Company

¿QUÉ TAL?

Nombre _____ Fecha _____

¿Cómo lo dices?

Exercise 2

M   No, no ___**nos gusta**___ la sopa.

M   No, no _____ los espaguetis.

1.   No, no _____ los guisantes.

2.   No, no _____ las legumbres.

3.   No, no _____ el pescado.

4.   No, no _____ el jamón.

5.   No, no _____ las zanahorias.

6.   No, no _____ la carne.

7.   No, no _____ el arroz.

8.   No, no _____ las papas.

¡Viva el Español!   © National Textbook Company

Nombre _____   Fecha _____

Los sonidos del idioma

Las consonantes: La q

Escucha y repite.

que	pequeño	quinto	aquí
quedar	raqueta	química	mantequilla
querido	toque	Quito	esquina

1. Quito queda en el Perú.
2. En el quinto año se estudia la química.
3. ¿Quieres panqueques con matequilla?
4. ¿En qué casa te quieres quedar aquí?

Pronunciation Exercise

M	①	2	5.	1	2
M	1	2	6.	1	2
1.	1	2	7.	1	2
2.	1	2	8.	1	2
3.	1	2	9.	1	2
4.	1	2	10.	1	2

Nombre _____   Fecha _____

¿Cómo lo dices?

Exercise 1

1.

2.

3.

4.

5.

6.

7.

8.

Nombre _____ Fecha _____

¿Cómo lo dices?, *continued*

Exercise 2

[M] Yo siempre _____ **me levanto** _____ temprano. Mis papás y mi

hermana _____ más tarde, a las siete y cuarto.

_____ primero. Luego, mi hermana

_____ . Mis papás tienen un cuarto de baño cerca de su

dormitorio. Ellos _____ los dientes en su cuarto de

baño. Mi hermana y yo _____ la ropa a las siete y media.

Luego, tomamos el desayuno. Siempre _____ los dientes

después del desayuno. Mi hermana también _____

después del desayuno. Tiene el pelo muy largo y bonito. Mis

papás _____ de la casa a las ocho y cuarto. Mi hermana

y yo _____ de la casa a las ocho y media.

¡Viva el Español!   © National Textbook Company

¿QUÉ TAL?

Nombre _____   Fecha _____

Los sonidos del idioma

Las consonantes: La g

Escucha y repite.

gabinete	golfo	gusto
gana	goma	Guzmán
regalo	agosto	disgusto
hormiga	trigo	figura

1. Hay un gato, un regalo y una hormiga en el gabinete.
2. En agosto hay mucho trigo en el trigal.
3. Gregorio Guzmán ignora la goma y come los guisantes.
4. Algunos magos gallegos juegan con gusto.

Pronunciation Exercise

Nombre _____   Fecha _____

¿Cómo lo dices?

Exercise 1

1.

2.

3.

4.

5.

6.

UNIDAD 12

¡Viva el Español!   © National Textbook Company

Tape Exercise and
Pronunciation Pages

Page 30

¿QUÉ TAL?

Nombre _____   Fecha _____

¿Cómo lo dices?, *continued*

Exercise 2

M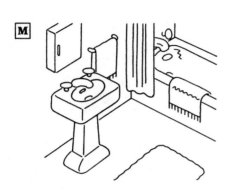

M

1.

2.

3.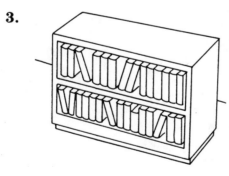

4.

5.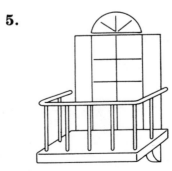

6.